春夏のかんたんおかず

季節には食べたい料理の味があるものです。
さっぱり・こってり・ピリ辛、冷たい・温かいなどなど。
春夏に出盛る素材で、この季節こそ食べたい味の、
かんたんでおいしいおかずを作りましょう。

この本では

手間をかけず、なるべくひと鍋で、
20分くらいで作れる料理をご紹介しています。

季節の素材は、下ごしらえの手間が
少ないものを使いました。

「献立例」は季節感を考えました。どうぞご参考に。

2人分のレシピです。

ベターホーム出版局

肉がメインのおかず

とり肉
- 4…とり手羽中とたけのこのみそ煮
- 5…とり肉の木の芽焼き
- 5…とり肉と新じゃがのごま煮
- 6…とり肉のピリ辛から揚げ
- 7…かぼちゃととり肉のいため煮
- 7…ささみのくず打ち
- 8…とり肉の焼きびたしおろしぽん酢
- 9…レバーとにらのいためもの
- 9…とりレバーの酢じょうゆいため

豚肉
- 10…豚肉のごましそピカタ
- 11…豚肉と新たまねぎの梅肉だれ
- 11…ヒレ肉と春キャベツのクリーム煮
- 12…なすといんげんのやわらか煮
- 13…豚肉のにんにくじょうゆ焼き
- 13…豚肉の竜田揚げ
- 14…ゴーヤーのチーズ入り卵いため
- 15…豚肉のコチュジャンいため
- 15…豚しゃぶのみそ味ドレッシング
- 16…豚肉と新しょうがのいためもの
- 16…キムチ冷しゃぶ

牛肉
- 17…牛肉と新ごぼうの柳川
- 17…うど巻き焼き肉
- 18…牛肉とトマトのいためもの
- 19…牛肉と大葉の重ね焼き
- 19…かんたん和風焼き肉
- 20…ステーキ肉のサラダ
- 21…牛肉とピーマンのオイスターあえ
- 21…牛肉とししとうのいためもの

ひき肉
- 22…さやいんげんのひき肉はるさめ
- 23…とうふ入り和風ハンバーグ
- 23…なすとひき肉のいため煮しそ風味
- 24…たけのこ入りつくねの小判焼き
- 24…新じゃがとひき肉のいためあえ
- 25…米なすのチーズ焼き
- 25…高菜入り肉だんごのレンジ蒸し

魚がメインのおかず

たい
- 26…たいの紙包み焼き
- 27…たいのこぶじめ
- 27…たいのアクアパッツァ

白魚
- 28…白魚の卵とじ
- 28…白魚とふきのとうの天ぷら

さより
- 29…さよりのお造り
- 29…さよりの塩焼き

めばる
- 30…めばるの煮つけ紹興酒風味

さわら
- 31…さわらのしょうが焼き
- 31…さわらのソテーミニトマトソース

いか
- 32…根みつばといかのわたいため
- 33…ほたるいかとさといもの煮もの
- 33…小いかとスナップえんどうの煮もの
- 34…いかと蒸しなすのエスニックサラダ
- 35…いかのわたいため南欧風
- 35…いかと野沢菜のいためもの

かつお
- 36…かつおの変わりたたき
- 37…かつおの香味漬け
- 37…かつおの海藻サラダ

あゆ
- 38…あゆの梅酒煮
- 39…あゆのみぞれ野菜のせ
- 39…あゆの焼き漬け

えび
- 40…えびとピーマンのバジルいため

あさり
- 41…あさりのエスニックスープ

ほたて
- 41…そら豆とほたてのいためもの

あじ
- 42…あじのソテー香味野菜のせ
- 43…あじの緑酢あえ
- 43…小あじの南蛮漬け

まぐろ
- 44…まぐろの網焼き
- 45…まぐろのアボカドソース
- 45…まぐろの芽かぶあえ

うなぎ
- 46…うなぎとにんにくの芽のいためもの
- 46…うなぎどうふ

たちうお
- 47…たちうおのねぎ辛ソース
- 47…たちうおのソテーバジル風味

たこ
- 48…たこときゅうりの中華サラダ
- 49…なすたこ揚げのピリ辛だれ
- 49…たこの梅ドレッシング

野菜がメインのおかず

山菜
- 50…たらの芽のみそいため
- 50…こごみのくるみあえ

菜の花
- 51…菜の花と桜えびのあえもの
- 51…菜の花とあさりのからしあえ

うど
- 52…うどの菜種あえ
- 52…うどとささみのマヨネーズあえ
- 53…うどと生麩の含め煮
- 53…うどの皮のきんぴら

アスパラガス
- 54…アスパラとえびのいためもの
- 55…アスパラとポテトのチーズ焼き
- 55…アスパラのピーナッツバターいため

たけのこ
- 56…たけのこのベーコンいため

目次　p.94索引も合わせてごらんください。

たけのこ	56…たけのこと油揚げの木の芽焼き	かぼちゃ	79…かぼちゃとひじきの梅サラダ
	57…たけのこのおかか煮	新しょうが	80…新しょうがの甘から煮
	57…若竹の梅椀	みょうが	80…みょうがいため
ふき	58…ふきのからし酢みそかけ	とうがん	81…とうがんと干しえびのいため煮
	58…ふきとほたてのマヨネーズサラダ	じゅんさい	81…うにじゅんさい
新ごぼう	59…新ごぼうのかき揚げ		
	59…新ごぼうとみつばのごま酢あえ		

ごはんもの・めん類

82…ふきみその焼きおにぎり
83…桜しらすごはん
83…たけのこの中華混ぜごはん
84…ふきの炊きこみごはん
84…まぐろのづけ丼
85…ほたての梅炊きごはん
85…ひじき入り梅しそチャーハン
86…そら豆のフェトチーネ
87…トマトの冷製パスタ
87…トマトピラフ
88…牛ごぼう丼
88…うなぎ入りオムライス
89…ピリ辛そうめんチャンプルー
89…モロヘイヤなっとうそば

キャベツ	60…キャベツとあさりの酒蒸し
	60…春キャベツの香味あえ
	61…春キャベツとソーセージのマスタードあえ
クレソン	61…クレソンと新たまねぎのサラダ
じゃがいも	62…新じゃがとえびの揚げびたし
	63…新じゃがのめんたいマヨネーズかけ
	63…じゃが梅いため
	64…新じゃがとグリーンピースのスープ煮
グリーンピース	64…青豆とほたてのスープ
	65…青豆とえびのあんかけ
スナップえんどう	65…スナップえんどうのヨーグルトマヨネーズ
新たまねぎ	66…新たまねぎのサラダアンチョビソース
	66…新たまねぎといかくんの酢じょうゆ
そら豆	67…そら豆の直煮
オクラ	67…オクラの梅あえ
トマト	68…凍りトマトのマリネ
	68…トマトときゅうりのじゃこサラダ
	69…トマトの卵スープ
	69…トマトのかんてんドレッシング
きゅうり	70…きゅうりと干しえびの辛味いため
	70…うざく
	71…きゅうりのキムチ漬け
	71…きゅうりといかのイタリアンいため
なす	72…なすの油焼きしょうがじょうゆ
	72…なすの田舎煮
	73…なすのみそからし漬け
	73…香味野菜の即席漬け
さやいんげん	74…さやいんげんのさんしょういため
	74…さやいんげんのしょうがまぶし
ゴーヤー	75…ゴーヤーの油みそ
	75…ゴーヤーとツナのサラダ
枝豆	76…枝豆のかんたん白あえ
	76…とうふと枝豆のオムレツ
	77…枝豆と高菜のいため煮
	77…長いものずんだあえ
モロヘイヤ	78…長いものモロヘイヤがけ
	78…モロヘイヤのおひたし
かぼちゃ	79…かぼちゃのえびマヨサラダ

とうふ・海藻のおかず

とうふなど	90…たぬき奴
	90…みそだれ冷奴
	91…とうふステーキなめこおろしがけ
	91…厚揚げの辛味じゃこソース
海藻	92…わかめとねぎのごま油いため
	92…海藻サラダ
	93…切りこんぶの酢じょうゆあえ
	93…オクラとわかめのサラダ

■この本のきまり
・計量の単位
　大さじ1＝15㎖　小さじ1＝5㎖　㎖＝cc
　カップ1＝200㎖　米用カップ1＝180㎖
・電子レンジは500Wの加熱時間めやすです。
　600Wなら、0.8倍の時間にしてください。

料理研究■ベターホーム協会
　　　　　岸田二三子　船山美子　若松優子
撮　　影■大井一範
デザイン協力■タナカグラフィカ

目次

肉がメインのおかず

とり手羽中
20分
1人分・202kcal

とり手羽中と たけのこのみそ煮

いためたあとは鍋まかせ。春先のやわらかいたけのこを大ぶりに切ります

献立例⇒白魚とふきのとうの天ぷら（p.28）、せりのおひたし、すまし汁

■材料2人分
とり手羽中 ……………… 200g
　　酒・しょうゆ …… 各小さじ1
ゆでたけのこ …………… 200g
サラダ油 ………………… 大さじ½

A ┌ 水 ……………………… カップ1
　│ みそ …………………… 大さじ1
　└ 砂糖 …………………… 小さじ1

■作り方
❶手羽中は、骨に添って縦半分に切ります。酒、しょうゆをかけ、手でもみこみます。
❷たけのこは穂先を6cm長さの4つ割りに、ほかは1cm厚さの半月切りにします。
❸鍋に油を熱し、手羽、たけのこを強火でいためます。油がなじんだらAを加えます。
❹沸とうしたらアクをとり、中火にしてふたをし、8〜10分煮ます。煮汁が少なくなったら火を強め、鍋をゆすって煮汁をからめ、つやよくなったら火を止めます。

とり肉の木の芽焼き

木の芽どきの味つけ。肉を形のまま焼くのが手軽です

とりもも肉
20分
1人分・353kcal

■作り方
❶肉は皮側をフォークでつつきます。身の厚い部分は厚みを切り開き、包丁の腹などで軽くたたいて全体の厚みを整えます。
❷Aの木の芽をあらくきざみ、ボールにAを合わせます。肉をつけて約10分おきます。
❸フライパンに油を中火で熱し、肉を皮側から焼きます(こげやすいので火加減に注意)。フライ返しで押さえるようにし、焼き色がついたら返します。弱火にしてふたをし、7〜8分焼きます。
❹ひと口大に切って盛りつけ、木の芽、しょうがを添えます。

献立例⇨新じゃがのめんたいマヨネーズかけ(p.63)、青菜のおひたし、みそ汁

■材料2人分
とりもも肉‥‥‥‥1枚(250g)
A ┌木の芽‥‥‥‥‥‥‥‥8枚
  │みそ‥‥‥‥‥‥‥大さじ1½
  └酒・みりん‥‥‥各大さじ½
サラダ油‥‥‥‥‥‥大さじ1
(飾り用など)木の芽・甘酢しょうが‥‥‥‥‥‥‥‥各適量

＊甘酢しょうがの作り方 甘酢(砂糖小さじ2、酢大さじ2)をひと煮立ちさせます。新しょうが50gを斜め薄切りにして熱湯に通し、甘酢に漬けます。約1週間もちます。

とり肉と新じゃがのごま煮

小ぶりの新じゃがを皮つきで。手間がはぶけて、しかも春らしい

とりもも肉
17分
1人分・391kcal

■作り方
❶新じゃがはたわしでよく洗います。皮つきのまま半分に切ります。
❷とり肉は4cm角大のそぎ切りにします。
❸鍋に油を熱し、じゃがいもを強めの中火で2〜3分いため、とり肉を加えてさらにいためます。
❹肉が白っぽくなったら、Aを加えます。沸とうしたら、アクをとり、弱めの中火にしてふたをし、10分ほど煮ます。
❺いもが煮え、煮汁が少なくなったら、練りごまを煮汁に加えてのばし、全体にからめます。

献立例⇨うどの菜種あえ(p.52)、うどの皮のきんぴら(p.53)、みそ汁

■材料2人分
とりもも肉‥‥‥‥‥‥‥200g
新じゃがいも(直径約4cmのもの)
‥‥‥‥‥‥‥‥‥‥‥‥250g
サラダ油‥‥‥‥‥‥大さじ½
A ┌水‥‥‥‥‥‥‥‥‥カップ1
  │砂糖‥‥‥‥‥‥‥大さじ½
  │みりん‥‥‥‥‥‥‥大さじ1
  └しょうゆ‥‥‥‥‥‥大さじ1
練りごま‥‥‥‥‥‥‥大さじ1
(飾り用)木の芽‥‥‥‥‥‥5枚

肉がメインのおかず

とりもも肉
20分
1人分・351kcal

とり肉のピリ辛から揚げ

春野菜が加わると、いつものから揚げがリフレッシュ

献立例⇒新たまねぎといかくんの酢じょうゆ(p.66)、トマトの卵スープ(p.69)

■材料2人分
とりもも肉‥‥‥‥‥1枚(250g)
グリーンアスパラガス ‥‥7本(150g)
(飾り用)糸とうがらし‥‥少々
揚げ油‥‥‥‥‥‥‥‥‥適量

塩‥‥‥‥‥‥‥‥小さじ⅙
しょうゆ‥‥‥‥‥小さじ1
A 豆板醤(トーバンジャン)‥‥‥‥小さじ1〜1½
しょうが汁‥‥‥‥大さじ½
かたくり粉‥‥‥‥大さじ1½

■作り方
❶肉の皮側はフォークでつつきます。身の厚い部分は厚みを切り開いて均一にし、3cm角に切ります。
❷ボールにとり肉を入れてAを手でよくもみこみ、約10分おきます。
❸アスパラは根元を落とし、かたそうな皮はむきます。斜めに4〜5つに切ります。
❹揚げ油を中温(160℃)に熱し、アスパラをさっと揚げます。油の温度を170〜180℃に上げ、肉を4〜5分かけて揚げ、中まで火を通します。
❺アスパラと肉を盛り合わせ、糸とうがらしをのせます。

かぼちゃととり肉のいため煮

辛味でかぼちゃの味がひきしまって、ボリュームのあるおかずに

とりもも肉
15分
1人分・332kcal

■作り方
❶ししとうはへたの先を切り落とします。かぼちゃは5mm厚さ、約4cm長さに切ります。
❷とり肉はひと口大のそぎ切りにします。塩、こしょうをふり、かたくり粉を薄くまぶします。
❸フライパン(大)に油を中火で熱し、とり肉を並べ入れます。両面が色よく焼けたらとり出します(中は生でもだいじょうぶ)。
❹続いて、かぼちゃを約1分いためます。ししとう、豆板醤を加えて混ぜ、とり肉、Aを加えます。時々混ぜながら、3〜4分煮ます。

献立例⇒たこの梅ドレッシング(p.49)、セロリの浅漬け、スープ

■材料2人分
- とりもも肉 …… 200g
  - 塩・こしょう …… 各少々
  - かたくり粉 …… 大さじ1
- かぼちゃ …… 150g
- ししとうがらし …… 10本
- 豆板醤(トーバンジャン) …… 小さじ½
- A
  - 水 …… カップ½
  - スープの素 …… 小さじ½
  - 酒・しょうゆ …… 各小さじ1
  - こしょう …… 少々
- サラダ油 …… 大さじ1

ささみのくず打ち

のどごしさっぱり、目にも涼しい低カロリー料理です

とりささみ
15分
1人分・81kcal

■作り方
❶ささみの筋をとります(筋の先を押さえて、肉との間を包丁でしごきとる)。ひと口大のそぎ切りにし、塩、酒をふります。
❷梅肉だれは材料を混ぜ、しょうがじょうゆも用意します。
❸ラディッシュはきれいな葉をつけたまま、縦半分に切ります。実に、細かい切りこみを入れます。
❹たっぷりの湯をわかします。ささみにかたくり粉をまぶして熱湯に入れ、中火で4〜5分ゆでます。氷水にとって冷やし、ざるにあげます。
❺器に盛りつけ、②を添えます。

献立例⇒長いものずんだあえ(p.77)、とうがんと干しえびのいため煮(p.81)、みそ汁

■材料2人分
- とりささみ …… 2〜3本(100g)
  - (塩小さじ⅙　酒小さじ1)
  - かたくり粉 …… 大さじ1
- ラディッシュ …… 4個

〈梅肉だれ〉
- 梅干し(果肉をたたく)大さじ½
- 酒小さじ1　しょうゆ小さじ½
- だし大さじ1

〈しょうがじょうゆ〉
- おろししょうが・しょうゆ各適量

とり肉の焼きびたし おろしぽん酢

とりもも肉 10分
1人分・232kcal

春のしいたけも一緒に焼いて、ぽん酢をかけるだけ

■材料2人分
- とりもも肉………1枚（200g）
- しいたけ……………4個
- だいこん……………200g
- 万能ねぎ……………4本

A
- しょうゆ……………大さじ1
- 酢（またはレモン汁）…大さじ1
- ゆずこしょう…小さじ½〜1

＊ゆずこしょうのかわりに、七味とうがらし少々でも。

■作り方
❶しいたけは石づきを落とします。
❷グリルの網に、とり肉は皮を上に、しいたけはひだを上にしてのせます。強めの中火で焼きます。
❸しいたけは、ひだ側が焼けたら裏返してさっと焼き、とり出します。肉は裏返して中まで火を通します。
❹だいこんはすりおろし、ざるにとります。万能ねぎは小口切りにします。Aは合わせます。
❺肉としいたけをひと口大に切って器に盛り、おろしをのせて、Aをかけ、ねぎをのせます。

献立例⇒新ごぼうのかき揚げ（p.59）、サラダ、みそ汁

肉がメインのおかず

レバーとにらのいためもの

レバーのかたくり粉で汁気が全体にからみます

とりレバー
18分
1人分・153kcal

■作り方
❶ボールにAを合わせます。
❷レバーは、あれば脂肪や血のかたまりを除いてひと口大に切り、洗います。水気をきってAにつけ、5分ほどおきます。
❸にらは5cm長さに切ります。もやしは、時間があれば、ひげ根をとります。
❹レバーの水気をペーパータオルでふき、かたくり粉を薄くまぶします。
❺フライパン（大）に油を熱し、中火でレバーを3〜4分焼きます。火が通ったら、野菜を加えて強火にし、手早くいためてBで調味します。

献立例⇒きゅうりのキムチ漬け(p.71)、スープ

■材料2人分
とりレバー……………100g
A ┌しょうが汁…1かけ(10g)分
  └酒・しょうゆ……各小さじ1
かたくり粉……………大さじ½
サラダ油………………大さじ1
にら………………1束(100g)
もやし……………………100g
B ┌しょうゆ……………大さじ1
  │酒……………………大さじ½
  └砂糖・こしょう……各少々
＊牛や豚のレバーで作っても。

とりレバーの酢じょうゆいため

レバーの扱いは思うよりかんたん。夏場の鉄分補給に

とりレバー
18分
1人分・184kcal

■作り方
❶枝豆は熱湯で4〜5分ゆでて、さやから出します。たまねぎは1cm幅のくし形に切ります。Aを用意します。
❷レバーはあれば脂肪や血のかたまりを除き、ひと口大に切って洗います。ペーパータオルで水気をふきます。
❸フライパンに油を熱し、弱火でAをいためます。香りが出てきたら、レバー、たまねぎを加え、強めの中火で2分ほどいためます。
❹Bを加えてさらに3分ほど汁気をとばしながらいため、枝豆、酢を加えて火を止めます。

献立例⇒モロヘイヤのおひたし(p.78)、冷奴、みそ汁

■材料2人分
とりレバー……………150g
たまねぎ…………½個(100g)
枝豆(さやつき)………100g
サラダ油………………大さじ½
A ┌にんにく(みじん切り)……小1片(5g)
  │しょうが(みじん切り)……小1かけ(5g)
  └赤とうがらし(小口切り)…½本
B ┌酒……………………大さじ2
  └しょうゆ……………大さじ1
酢………………………大さじ1

豚肉のごましそピカタ

豚ヒレ肉　15分　1人分・393kcal

卵をつけて焼くだけですから、とにかくかんたん

■材料2人分

豚ヒレ肉……150g	サラダ油……大さじ2	塩……小さじ1/8
塩……小さじ1/8	<卵液>	いりごま(黒)……大さじ2
こしょう……少々	卵……2個	かたくり粉……大さじ4
レタス……100g	しその葉……10枚	

■作り方

❶ヒレ肉は1.5cm厚さに切ります。肉たたきやめん棒で軽くたたきます。塩、こしょうをふります。

❷しそは細切りにします。

❸ボールに卵を割りほぐし、塩、ごま、かたくり粉をよく混ぜ、最後にしそを混ぜます。

❹フライパンに油を中火で熱します。肉に卵液をたっぷりつけてフライパンに入れます。色よく焼けたら裏返し、弱火にしてふたをし、3～4分焼いて火を通します。

❺レタスは細切りにします。肉と盛りつけます。

献立例⇒オクラの梅あえ(p.67)、煮豆、すまし汁

肉がメインのおかず

豚肉と新たまねぎの梅肉だれ

ひんやりしたおかずは、夏に欠かせません

献立例⇨青豆とえびのあんかけ(p.65)、セロリの葉のきんぴら、すまし汁

豚しゃぶ肉
10分
1人分・190kcal

■作り方
❶新たまねぎは、できるだけ薄く切ります。辛味が強いようなら水にさらし、水気をきります。
❷梅干しは果肉を包丁でたたきます。たれの材料を合わせます。
❸豚肉は5～6cm長さに切ります。
❹湯を500mlほどわかし、塩、酒を加えます。肉を1枚ずつ広げて入れ、白っぽくなったら冷水にとり、水気をきります。
❺器にしそ、たまねぎ、肉を盛りつけ、梅肉だれをかけます。
＊しそに、たまねぎと肉を巻き、たれをつけながら食べても。

■材料2人分
豚ロース肉(しゃぶしゃぶ用)…120g
　(塩小さじ1　酒大さじ1)
新たまねぎ………½個(80g)
しその葉……………10枚
＊肉は薄切り肉でも。

＜梅肉だれ＞
梅干し………1～2個(20g)
酢・しょうゆ……各大さじ½
だし………………大さじ2
みりん……………小さじ1

ヒレ肉と春キャベツのクリーム煮

肉と一緒に蒸し煮すればできあがり

献立例⇨クレソンと新たまねぎのサラダ(p.61)、スープ

豚ヒレ肉
15分
1人分・293kcal

■作り方
❶キャベツは3～4cm角のザク切りにします。
❷豚ヒレ肉は1cm厚さに切り、塩、こしょうをふります。小麦粉を薄くまぶします。
❸フライパン(大)に油を熱し、肉を中火で焼いて両面に焼き色をつけます。
❹肉の上にキャベツを広げてのせ、ワインをかけてふたをします。弱火で2～3分蒸し煮にします。
❺キャベツがしんなりしてきたら、Aを加えて混ぜ、塩、こしょうで調味します。盛りつけてパセリをふります。

■材料2人分
豚ヒレ肉……………200g
　塩・こしょう……各少々
　小麦粉……………大さじ1
春キャベツ…………300g
サラダ油……………大さじ½

白ワイン……………大さじ2
A┌バター……………10g
　└生クリーム………50ml
塩・こしょう………各少々
パセリのみじん切り…大さじ2

なすといんげんの やわらか煮

豚薄切り肉 18分
1人分・262kcal

くたっとなるほど煮ると、味がしみておいしくなります

■材料2人分
- なす ……………… 4個(300g)
- さやいんげん ……………… 100g
- 豚薄切り肉(もも、ばらなど) … 100g
- A
  - にんにく(みじん切り) …… 小1片(5g)
  - 赤とうがらし(小口切り) … 1/2〜1本
- B
  - だし ……………… カップ1/4
  - 酒・しょうゆ …… 各大さじ1
- サラダ油 ……………… 大さじ2

■作り方

❶いんげんは5cm長さに切ります。なすは3〜4cm大の乱切りにします。Aを用意します。

❷豚肉は3cm幅に切ります。

❸フライパン(大)に、油とAを入れ、弱めの中火にかけます。香りが出てきたら、豚肉を加えて強めの中火でいためます。

❹肉の色が変わったら、なす、いんげんを加えていためます。全体に油がなじんだら、Bを加えて弱火にし、ふたをします。

❺汁気がほとんどなくなるまで7〜8分煮ます。

献立例⇒みそだれ冷奴(p.90)、サラダ、みそ汁

肉がメインのおかず

豚肉のにんにくじょうゆ焼き

にんにくパワーで夏を元気にのりきれます

豚薄切り肉
15分
1人分・356kcal

■作り方
❶ボールにAのたれを合わせます。
❷肉をAにつけ、5分ほどおきます。
❸もやしはさっとゆで、かいわれと一緒に皿に盛りつけます。
❹フライパンに油を熱し、強めの中火で肉を焼きます。ほぼ火が通ったら、残ったたれも加え、全体にからめます。

献立例⇒トマトのかんてんドレッシング（p.69）、しば漬け、みそ汁

■材料2人分
豚肩ロース肉（薄切り）……200g
A ┌にんにく（みじん切り）…大1片（15g）
　│しょうゆ………………大さじ1½
　│酒………………………大さじ1
　└みりん…………………大さじ½
もやし………………………100g
かいわれだいこん…1パック（40g）
サラダ油……………………大さじ1

豚肉の竜田揚げ

薄い肉がボリュームおかずに。生野菜とあっさり食べます

豚肉しょうが焼き用
18分
1人分・320kcal

■作り方
❶豚肉は長さを半分に切ってトレーに広げます。しょうがをすりおろして、Aを合わせます。これを肉にまぶし、10分ほどおきます。
❷スプラウトは根元を切り、ふり洗いして水気をきります。
❸肉の汁気をペーパータオルで軽くふき、肉にかたくり粉を薄くまぶしつけます。
❹揚げ油を中温（170℃）に熱し、肉を色よく揚げます。
❺スプラウトと一緒に食べます。

献立例⇒長いものモロヘイヤがけ（p.78）、かみなりこんにゃく、みそ汁

■材料2人分
豚ロース肉（しょうが焼き用）‥200g
A ┌しょうゆ………………大さじ1½
　│酒………………………大さじ½
　│みりん…………………小さじ1
　└しょうが……大1かけ（15g）
かたくり粉…………………大さじ2
スプラウト……2パック（80g）
揚げ油………………………適量
＊スプラウトはブロッコリーなどの芽。ビタミンやミネラルが豊富で、シャキシャキ感がおいしいものです。代わりにかいわれだいこんでも。

ゴーヤーのチーズ入り卵いため

豚薄切り肉 / 10分 / 1人分・346kcal

夏の味ゴーヤーは、まずいためものに

■材料2人分
- 豚ばら肉（薄切り）……100g
  - A「酒……小さじ1
  - 　 塩・こしょう……各少々
- ゴーヤー（にがうり）‥½本（100g）
  - 塩……小さじ¼
  - サラダ油……大さじ½
- 卵……2個
  - B「溶けるチーズ……20g
  - 　 塩……小さじ⅙
  - 　 こしょう……少々

■作り方

❶ゴーヤーは縦半分に切り、種とわたを除きます。5mm厚さの薄切りにし、塩をふってもみ、約5分おいて水気をしぼります。

❷豚肉は3cm幅に切り、Aをもみこみます。

❸チーズはかたまりならあらみじんに切り、卵にBを混ぜます。

❹フライパンに油を強火で熱し、肉をほぐして入れ、いためます。色が変わったらゴーヤーを加え、中火で1〜2分いためます。

❺中身を寄せてすき間を作り、そこにBを流して大きないり卵を作ります。火を止め、全体を混ぜます。

献立例⇒まぐろのアボカドソース（p.45）、トマトのサラダ、スープ

肉がメインのおかず

豚肉のコチュジャンいため

辛い中にたまねぎの甘味もあって、ごはんがすすみます

豚薄切り肉
18分
1人分・339kcal

■作り方
❶ボールにたれの材料を合わせます。
❷たまねぎはくし形に切ります。青とうがらしは約4cm長さに斜めに切ります。
❸肉は長さを半分に切ります。肉と②をたれに入れてよくもみこみ、約10分おきます。
❹フライパンに油を熱し、強火で③をいためます。肉に火が通ったらできあがりです。

＊青とうがらしは、たかのつめなどの未熟果。それぞれの辛味によって量を加減して使います。
＊粉とうがらしは、韓国の赤とうがらしを粉にしたもの。たかのつめに比べて甘味があり、料理に加えると、鮮やかな赤色になって食欲を誘います。

献立例⇒ナムル、トマトの卵スープ(p.69)

■材料2人分
豚ロース肉(薄切り)…150g
たまねぎ……½個(100g)
青とうがらし……1～2本
サラダ油………大さじ1

＜たれ＞
ねぎ(みじん切り)…5cm
にんにく(みじん切り)…1片(10g)
すりごま(白)…大さじ½
コチュジャン…大さじ1
粉とうがらし…大さじ1
しょうゆ…大さじ½
砂糖………小さじ1
ごま油………小さじ½
こしょう………少々

豚しゃぶのみそ味ドレッシング

これなら食べられると、夏場はリクエストが多いおかず

豚薄切り肉
13分
1人分・358kcal

■作り方
❶ドレッシングの材料を混ぜます。
❷豚肉は長さを2～3つに切ります。わかめは洗います。
❸たっぷりの湯をわかし、わかめを通して水にとります。食べやすく切ります。
❹同じ湯に豚肉を1枚ずつ入れます。白っぽくゆだったら冷水にとり、水気をきって①につけます。
❺ねぎは3～4cm長さのせん切りにし、水に放します。きゅうりは縦半分にし、斜め薄切りにします。
❻③⑤を皿に盛ります。肉をドレッシングごとのせます。

献立例⇒とうふステーキなめこおろしがけ(p.91)、漬けもの、すまし汁

■材料2人分
豚肩ロース肉(薄切り)…200g
わかめ(塩蔵)………30g
きゅうり……………1本
ねぎ……………½本(50g)

＜ドレッシング＞
みそ………大さじ1
みりん………大さじ2
しょうゆ………大さじ2
酢………大さじ2
ごま油………大さじ2

豚肉と新しょうがの いためもの

初夏から出回る新しょうが。マイルドな辛さを生かして

肉がメインのおかず

献立例⇒かつおの香味漬け(p.37)、きゅうりのごま酢あえ、みそ汁

■材料2人分

豚もも肉（薄切り）……150g	砂糖 ………… 小さじ½
A[酒 ………… 小さじ1	B[豆板醤 ……… 小さじ¼～½
塩・こしょう …… 各少々	しょうゆ・酢 …… 各小さじ1
新しょうが ………… 50g	酒・水 ………… 各大さじ1
セロリ ……… 1本(100g)	サラダ油 ……… 大さじ1

豚薄切り肉
15分
1人分・217kcal

■作り方

❶豚肉は7～8mm幅に切ります。Aをふっておきます。

❷セロリはかたい筋はむき、斜め薄切りにします。新しょうがはよく洗い、斜め薄切りにします（皮がかたそうなら薄くむきます）。両方を合わせ、塩小さじ⅕（材料外）をふります。しんなりしたら、軽く水気をしぼります。

❸Bを合わせます。

❹フライパンに油を熱し、強火で肉をいためます。白っぽくなったら、野菜を加えてさっといため、Bを加えてからめます。

キムチ冷しゃぶ

同じ湯で、にら、肉とゆで、盛り合わせるだけ

献立例⇒きゅうりと干しえびの辛味いため(p.70)、冷奴、スープ

■材料2人分

豚ロース肉（しゃぶしゃぶ用）…150g
はくさいキムチ ………… 150g
にら ………… 1束(100g)
トマト ……… 1個(200g)

＊肉は薄切りでも。ばら肉、肩ロースなどお好みで。

豚しゃぶ肉
10分
1人分・261kcal

■作り方

❶たっぷりの熱湯をわかし、にらをさっとゆで、水にとって、水気をしぼります。

❷続いて、湯に肉を1枚ずつ入れます。白っぽくなったら、冷水にとって、水気をきります。

❸トマトは12等分くらいのくし形に切り、皿に敷きます。にら、キムチ、肉を約4cm長さに切って、混ぜます（キムチの汁気は好みで加減してください）。盛りつけます。

牛肉と新ごぼうの柳川

新ごぼうはやわらかいので、大きめのささがきで

牛薄切り肉
15分
1人分・338kcal

■作り方
① 新ごぼうはたわしで洗い、皮をざっととります。4～5cm長さのささがきにし、水にさらします。水気をきります。
② 牛肉は4～5cm長さに切ります。
③ 鍋にA、ごぼうを入れます。ふたをして中火で3～4分煮ます。
④ 牛肉を広げながら加えます。肉の色が変わったら、卵をざっとほぐして、回し入れます。
⑤ 火を止め、ふたをして1分ほどむらし、器にとります。粉ざんしょうをふり、木の芽をのせます。

献立例⇒なすの油焼きしょうがじょうゆ（p.72）、漬けもの、みそ汁

■材料2人分
牛薄切り肉（肩ロースまたはばら肉）……120g
新ごぼう……150g
卵……2個
A［だし……150ml／しょうゆ……大さじ1／みりん……大さじ1／酒……大さじ½］
（薬味）粉ざんしょう……少々
（飾り用）木の芽……5～6枚

うど巻き焼き肉

いつもの焼き肉にも春の味を。シンプルでおいしい

牛薄切り肉
15分
1人分・257kcal

■作り方
① ボールにAの材料を混ぜ、牛肉をつけて約5分おきます。
② うどは5cm長さに切り、皮を厚めにむいて、3～4mm角の棒状に切ります。水にさらします。
③ ねぎは5cm長さの細切りにします。
④ フライパンに油を熱し、肉の両面を強火で焼きます。
⑤ うどの水気をよくきり、ねぎと一緒に肉で巻きます。
⑥ たれの材料を合わせ、肉に添えます。

献立例⇒ふきとほたてのマヨネーズサラダ（p.58）、青菜のおひたし、みそ汁

■材料2人分
牛もも肉（薄切りまたは焼き肉用）……200g
A［にんにく（すりおろす）……1片（10g）／しょうゆ……大さじ1／酒……大さじ½／砂糖……小さじ1］
うど……100g
ねぎ……10cm
サラダ油……小さじ1
＜たれ＞
コチュジャン・しょうゆ……各少々

牛薄切り肉
10分
1人分・234kcal

牛肉とトマトのいためもの

夏野菜、トマトとみょうがをさっといためると、あらおいしい

献立例⇨まぐろの芽かぶあえ(p.45)、サラダ、みそ汁

■材料2人分
- 牛薄切り肉(ももまたは肩ロース) ……………… 150g
- トマト ………… 中2個(400g)
- みょうが ………………… 3個
- しょうゆ ……………… 大さじ1
- こしょう ………………… 少々
- サラダ油 …………… 大さじ½

■作り方
❶みょうがは縦半分に切り、さらに縦5mm幅の薄切りにします。トマトは6～8つ割りにします。牛肉は4cm長さに切ります。
❷フライパン(大)に油を熱し、強火で牛肉をいためます。肉にほぼ火が通ったら、トマトを加え、トマトが温まる程度にさっと混ぜます。みょうがを加え、しょうゆ、こしょうをふって火を止めます。

牛肉と大葉の重ね焼き

おおざっぱな料理ですが、味は太鼓判です

献立例⇒うにじゅんさい(p.81)、かぼちゃの甘煮、すまし汁

牛薄切り肉
15分
1人分・265kcal

■作り方
❶Aは合わせます。みょうがは縦半分に切り、熱湯でさっとゆでて、Aにつけます。
❷牛肉は重なった状態で2つに分けます。1つの重なりにつき、間にしそを4枚ずつはさみます。肉は折りたたんだり、はぎ合わせたりして、長さを調節します。
❸フライパンに油を熱し、肉の両面を焼きます。
❹皿にしそを2枚ずつ飾り、肉をひと口大に切って盛りつけます。みょうがを添え、わさびじょうゆで食べます。

■材料2人分
- 牛もも肉(薄切り) …… 200g
- しその葉 …………… 12枚
- サラダ油 ………… 大さじ½
- みょうが ……………… 2個
- A ┌ 砂糖 …………… 大さじ1
    └ 酢 ……………… 大さじ2
- 練りわさび・しょうゆ … 各適量

かんたん和風焼き肉

ごまじょうゆのたれにつけて、さっと焼きます

献立例⇒じゃが梅いため(p.63)、ぬか漬け、みそ汁

牛肉焼き肉用
18分
1人分・456kcal

■作り方
❶たれの材料を合わせます。たれに牛肉をつけて約10分おきます。
❷万能ねぎは4cm長さに切ります。新しょうがはよく洗い、4cm長さのせん切りにします(皮がかたそうな場合は薄くむく)。水にさらして水気をきります。
❸フライパンに油を熱し、肉を両面焼きます。
❹しょうがとねぎを肉で包み、さらにサンチュで巻きます。
＊野菜と焼き肉を盛り合わせて、巻きながら食べても。

■材料2人分
- 牛焼き肉用肉(ももまたは肩ロース) …………… 200g
- 万能ねぎ ……………… 4本
- 新しょうが ………… 10g
- サンチュ ………… 1パック

＜たれ＞
- いりごま(白) …… 大さじ3
- しょうゆ ………… 大さじ1
- 酒 ………………… 大さじ1
- 砂糖 ……………… 小さじ1
- サラダ油 ………… 大さじ1

肉がメインのおかず

ステーキ肉のサラダ

牛ステーキ肉
15分
1人分・529kcal

肉1枚。主菜にもなれるほど、ボリュームとうま味がたっぷりです

献立例⇨そら豆のフェトチーネ(p.86)、スープ

■材料2人分
牛肉(ステーキ用)‥1枚(150g)
　塩・こしょう ……… 各少々
エンダイブ ………… 50g
ルッコラ …………… 50g
ズッキーニ ……… 1本(150g)
サラダ油 …………… 少々
塩・こしょう ……… 各少々
A ｢にんにく(薄切り) … 2片(20g)
　サラダ油 ………… 大さじ2

＜ドレッシング＞
酢 ………………… 大さじ1½
塩 ………………… 小さじ⅓
こしょう ………………… 少々

■作り方
❶エンダイブ、ルッコラはひと口大にちぎり、水に放してパリッとさせます。ズッキーニは6〜7mm厚さの輪切りにします。
❷フライパンにAの油を弱火で温め、にんにくをいためます。薄茶色になったらとり出します。
❸ドレッシングの材料を順に混ぜ、最後に②の油を混ぜます。
❹肉に塩、こしょうをふります。②のフライパンで、両面を好みの加減に焼いてとり出します。
❺油少々をたしてズッキーニをいため、塩、こしょうをふります。
❻肉を5mm幅に切り、野菜と一緒に③であえます。盛りつけて、にんにくを散らします。

牛肉とピーマンのオイスターあえ

ゆで肉をあえるだけ。ピーマンによく合う味です

牛薄切り肉
10分
1人分・146kcal

■作り方
❶ピーマンは4つ割りにし、種をとります。トマトは8つ割りにします。牛肉は4〜5cm長さに切ります。
❷湯をわかし、ピーマンを手早くゆでます。同じ湯に肉を入れ、さっとゆでて、ざるにとります。
❸ボールにAを合わせ、全部をあえます。

献立例⇒わかめとねぎのごま油いため(p.92)、五目豆、スープ

■材料2人分
牛もも薄切り肉(切り落とし肉でも)	100g
ピーマン	3個
トマト	1個(200g)

A
オイスターソース	大さじ1
しょうゆ	小さじ1
砂糖	ひとつまみ
こしょう	少々

牛肉とししとうのいためもの

ししとうだから、切らずにできるチンジャオロースー

牛肉焼き肉用
10分
1人分・246kcal

■作り方
❶ししとうはへたの先を切り落とします。
❷牛肉は4〜5cm長さに切って、Aをもみこみます。
❸Bは合わせます。
❹フライパンに油を熱し、強火で肉をいためます。ほぼ火が通ったら、ししとうを加えてざっといため、Bを加えて全体に混ぜます。

献立例⇒かぼちゃとひじきの梅サラダ(p.79)、冷奴、スープ

■材料2人分
牛焼き肉用肉(もも、ロースなど)	100g

A
酒	小さじ1
しょうゆ	小さじ1
かたくり粉	大さじ½

ししとうがらし	½パック(60g)

B
オイスターソース	大さじ½
酒	大さじ½
砂糖	小さじ¼
しょうゆ	小さじ½

サラダ油	大さじ1

肉がメインのおかず

ひき肉（豚）
18分
1人分・227kcal

さやいんげんのひき肉はるさめ

はるさめのいため煮は、味がしみていてごはんに合います

献立例⇨春キャベツの香味あえ（p.60）、煮豆、みそ汁

■材料2人分
- 豚ひき肉 …………… 100g
- さやいんげん ……… 100g
- はるさめ …………… 20g
- サラダ油 …………… 大さじ1

A
- ねぎ …………………… 5cm
- しょうが …… 小1かけ（5g）

B
- 水 …………………… 150ml
- スープの素 ………… 小さじ½
- しょうゆ …………… 大さじ1
- 酒 …………………… 大さじ½

■作り方
❶はるさめを表示のとおりにもどします。約5cm長さに切ります。
❷いんげんは両端を切り、長さを半分に切ります。
❸Aはみじん切りにします。
❹フライパン（大）に油を中火で熱し、Aをいためます。香りが出てきたら、肉を加え、フライ返しで押さえるようにして焼きます。パラパラになったら、いんげんを加えて軽くいためてからBを加えます。中火で7～8分煮ます。
❺最後にはるさめを加え、2～3分煮て、汁気がほぼなくなったら火を止めます。

とうふ入り和風ハンバーグ

少し残ったとうふが活躍します。ボリューム&ヘルシー

ひき肉（豚）
20分
1人分・349kcal

■作り方
① たまねぎはみじん切りにします。バターでしんなりするまでいため、さまします。
② とうふを手で軽くしぼってボールに入れ、肉、①、卵、Aを合わせてよく混ぜます。小判形2個にまとめます。
③ フライパンに油を熱し、②を中火で焼きます。焼き色がついたら裏返します。
④ 弱火にしてふたをし、約5分焼きます。竹串を刺して赤い汁が出なければ、できあがりです。
⑤ だいこんはすりおろして軽く水気をきり、かいわれを3cm長さに切って、混ぜます。④にのせ、しょうゆで食べます。

献立例⇒なすの田舎煮（p.72）、サラダ、みそ汁

■材料2人分
豚ひき肉	150g	┌塩	小さじ1/3
もめんどうふ	1/3丁（100g）	A しょうゆ	小さじ1
たまねぎ	1/2個（100g）	└こしょう	少々
バター	10g	サラダ油	大さじ1
卵	1/2個	だいこん	100g
		かいわれだいこん	1/4パック（10g）

なすとひき肉のいため煮 しそ風味

なすしぎ風。しそたっぷりが夏においしい

ひき肉（豚）
15分
1人分・381kcal

■作り方
① Cは合わせます。Aはみじん切りにします。
② しそは軸をとって細切りにし、水にさらして水気をきります。
③ なすは皮をしま目にむいて8mm～1cm厚さの輪切りにします。
④ フライパン（大）にBを弱めの中火で熱し、Aをいためます。香りが出てきたら、ひき肉を加えて強火にし、フライ返しで押さえながら、パラパラにします。
⑤ なすを加えてしんなりするまでいため、Cで調味し、しその半量を混ぜます。盛りつけて、しそをのせます。

献立例⇒まぐろの網焼き（p.44）、漬けもの、みそ汁

■材料2人分
豚ひき肉	100g	┌サラダ油	大さじ2
なす	4個（300g）	B└ごま油	大さじ1
しその葉	20枚	┌酒・みりん	各大さじ1
┌しょうが	小1かけ（5g）	│しょうゆ	大さじ1
A└ねぎ	5cm	C│みそ	大さじ1 1/2
		└砂糖	小さじ1

たけのこ入りつくねの小判焼き

肉がメインのおかず

つけ合わせにも、中身にも。たけのこ三昧の春のひと皿です

献立例⇒うどと生麩の含め煮(p.53)、サラダ、すまし汁

ひき肉（とり）
15分
1人分・245kcal

■材料2人分
<つくね>
とりひき肉……150g
しいたけ……2個
ゆでたけのこ……30g
A ｜ 塩小さじ¼　こしょう少々
　 ｜ 酒……大さじ1
　 ｜ かたくり粉……大さじ1
<つけ合わせ>
ゆでたけのこ……100g
さやえんどう……30g
酒……大さじ1
B ｜ しょうゆ……大さじ1
　 ｜ バター……10g
サラダ油……大さじ½

■作り方
❶つくね用のしいたけはあらみじん切り、たけのこは1〜2cm長さの細切りにしてボールに入れます。
❷つけ合わせ用のたけのこは5cm長さの薄切りにします。さやえんどうは筋をとり、色よくゆでます。
❸①に肉、Aを合わせて混ぜます。小判形4個にまとめます。
❹フライパンに油を熱し、③を中火で焼きます。焼き色がついたら返して弱火にし、あいたところに②を加えてふたをします。
❺2〜3分焼いて火が通ったら、Bを加えて全体にからめます。

新じゃがとひき肉のいためあえ

新じゃがは形くずれしにくいので、こんな料理に

献立例⇒キャベツとあさりの酒蒸し(p.60)、酢のもの、みそ汁

ひき肉（豚）
15分
1人分・260kcal

■材料2人分
豚ひき肉……100g
新じゃがいも……200g
にんにくのみじん切り……1片(10g)分
サラダ油……大さじ1
A ｜ オイスターソース……大さじ1
　 ｜ 酒……大さじ1
　 ｜ しょうゆ……大さじ½
　 ｜ 砂糖……少々
万能ねぎ……1本

■作り方
❶新じゃがは皮をむいて7〜8mm厚さの輪切りにします。少しかためにゆでます（約5分）。
❷万能ねぎは、斜めに3cm長さに切ります。
❸Aは合わせます。
❹フライパン（大）に油とにんにくを入れて弱火でいためます。香りが出てきたら、肉を加えて強めの中火にします。鍋肌に押しつけるようにして焼き、パラパラになるまでいためます。
❺じゃがいも、Aを加え、大きく混ぜます。
❻器に盛り、ねぎを散らします。

米なすのチーズ焼き

米なすでも、蒸し焼きで火が通ります

ひき肉
25分
1人分・423kcal

■作り方
① 米なすはへたとがくの先を落とし、縦半分に切ります。皮の内側7～8mmのところに、1cm深さの切りこみをぐるりと入れ、その内側には、格子状の切りこみを入れます。塩、こしょう各少々（材料外）をふります。
② フライパンに油大さじ2を熱し、なすを皮側から中火で約2分焼きます。裏返してふたをし、弱火で3～4分焼いて火を通します。耐熱皿にとります。
③ Aはみじん切りにします。フライパンに油大さじ½を中火で熱し、A、ひき肉を順に加えていためます。Bを加えて5分ほど煮つめ、Cで調味します。
④ ②に③とチーズをのせ、オーブントースターで表面を焼きます。

献立例⇨きゅうりといかのイタリアンいため（p.71）、サラダ、スープ

■材料2人分
米なす……………………1個
溶けるチーズ……………60g
オリーブ油………大さじ2½
<ソース>
ひき肉（豚・とりなど好みで）…100g
A にんにく……小1片分（5g）
  たまねぎ………¼個（50g）
B 野菜ジュース…1缶（190g）
  白ワイン…………大さじ½
C 乾燥オレガノ（またはバジル）…少々
  塩・こしょう…………各少々

高菜入り肉だんごのレンジ蒸し

レンジにかけて5分ほどでできる、皮なししゅうまい

ひき肉（豚）
15分
1人分・212kcal

■作り方
① 高菜漬けは、みじん切りにして軽く水気をしぼります（しぼりすぎないように）。ねぎ、しょうがはみじん切りにします。
② ボールに、肉、①、Aを合わせ、よく混ぜます。直径2cm大のだんごに丸めます。耐熱皿に並べます。
③ だんごの上から、水を軽くふってラップをゆったりかぶせ、電子レンジ（500W）で5～6分加熱します。
④ トマトを薄く切って皿に飾り、だんごを盛りつけます。

＊そのまま食べられますが、好みでしょうゆをつけます。

献立例⇨ひじき入り梅しそチャーハン（p.85）、スープ

■材料2人分
豚ひき肉………………150g
高菜漬け…………………30g
ねぎ………………………5cm
しょうが…………1かけ（10g）
塩………………小さじ⅛
酒………………小さじ1
A オイスターソース…小さじ½
  しょうゆ…………小さじ½
  かたくり粉………大さじ1
トマト……………1個（200g）

魚がメインのおかず

たいの紙包み焼き

たい　16分　1人分・155kcal

オーブンまかせなのでかんたん。春の魚と野菜を包み、蒸し焼きに

献立例⇒こごみのくるみあえ（p.50）、若竹の梅椀（p.57）

■材料2人分
- たい……………2切れ（200g）
- 塩………………………少々
- 酒……………………大さじ1
- はまぐり（砂抜き）…………4個
- ゆでたけのこ……………80g
- さやえんどう……………10枚
- レモンの半月切り…………6枚
- 酒……………………大さじ1
- しょうゆ………………小さじ1
- バター（あらく切る）……10g
- クッキングペーパー
　　　　………30×40cmを2枚

■作り方
❶たいは骨を避けて、2～3つに切ります。塩、酒をふります。
❷たけのこは4～5cm長さの薄切りにします。さやえんどうは筋をとります。
❸クッキングペーパーを半分に折って開き、片側にたい、はまぐり、②とレモンを1人分ずつのせます。酒、しょうゆをふって、バターを散らします。反対側のペーパーをふんわりと折ってかぶせ、3辺を2重に折ります。
❹220℃（ファン付きなら200℃）のオーブンで7～8分、貝が開くまで焼きます。

＊鉄のフライパンがあれば、オーブンの代わりに蒸し焼きにできます（中火で5～6分）。

たいのこぶじめ

こんぶでくるくると巻いて冷蔵。いい味です

たい
15分（冷蔵時間は除く）
1人分・56kcal

■作り方
❶たいをそぎ切りにし、トレーに並べて塩をふり、約10分おきます。
❷こんぶはぬれぶきんに包んで5分ほどおき、しっとりしたら、酢少々（材料外）を含ませたふきんで、表面を軽くふきます。
❸たいの水気をふき、2枚のこんぶに半量ずつ並べます。こんぶを端から巻いてラップで包み、30分ほど冷蔵します。
❹だいこんはすりおろし、軽く水気をきります。
❺こんぶとたいを盛りつけ、④、木の芽をのせ、ぽん酢しょうゆを添えます。

献立例⇒たけのこと油揚げの木の芽焼き(p.56)、桜しらすごはん(p.83)、すまし汁

■材料2人分
たい（さしみ用さく）	80g
塩	小さじ⅙
こんぶ	30cm×2本
だいこん	50g
木の芽	約16枚

＜ぽん酢しょうゆ＞
| しょうゆ | 大さじ1 |
| レモン汁 | 大さじ1 |

たいのアクアパッツァ

焼いてから水（アクア）をたして蒸し煮に。家庭イタリアン

たい
12分
1人分・254kcal

■作り方
❶切り身の皮側に、切りこみを1〜2本入れます。Aをふります。
❷オリーブは横半分に切り、にんにくはみじん切りにします。
❸トマトはへたをとります。
❹フライパンに油を中火で熱し、たいを皮側から焼きます。焼き色がついたら返します。
❺フライパンのあいたところに、②を加えてさっといためます。トマトとBを加え、ふたをして約5分蒸し煮にします。
❻汁気が約50mlになったら塩、こしょうで調味します。汁ごと盛り、パセリを切ってふります。

献立例⇒きゅうりといかのイタリアンいため(p.71)、サラダ、スープ

■材料2人分
たい	2切れ（200g）
A ｢塩	小さじ¼
こしょう	少々
黒オリーブ（種なし）	4個
にんにく	1片（10g）
ミニトマト	150g
B ｢白ワイン	大さじ2
水	カップ½
塩・こしょう	各少々
オリーブ油	大さじ2
（飾り用）イタリアンパセリ	3枝

魚がメインのおかず

白魚の卵とじ

春を告げる魚。淡泊な白魚を生かす料理に

献立例⇨たけのこのベーコンいため(p.56)、サラダ、すまし汁

■材料2人分
- 白魚……………………100g
- みつば…………………20g
- 卵………………………2個
- A
  - だし……………カップ¼
  - 酒………………小さじ1
  - みりん…………小さじ1
  - うすくちしょうゆ…小さじ1
  - 塩………………少々

白魚
7分
1人分・127kcal

■作り方
1. みつばは3cm長さに切ります。
2. 鍋にAを煮立てます。白魚を入れて広げ、中火で2〜3分煮ます。
3. 卵をときほぐします。②にみつばの茎を加え、卵を回し入れます。ふたをして、約30秒、鍋を前後に2〜3回静かにゆすって(鍋につかないように)煮ます。火を止めて、みつばの葉を散らします。
4. 器に移しとります。好みでとうがらしをふっても。

白魚とふきのとうの天ぷら

早春のほろにがい味が口に広がります

献立例⇨うどと生麩の含め煮(p.53)、菜の花と桜えびのあえもの(p.51)、すまし汁

■材料2人分
- 白魚……………………30g
- ふきのとう……………4個
- <衣>
  - 水大さじ1½　とき卵大さじ1
  - 小麦粉大さじ2½
- <天つゆ>
  - だし……………カップ⅓
  - みりん…………大さじ½
  - うすくちしょうゆ…大さじ½
- 揚げ油……………………適量

白魚
15分
1人分・154kcal

■作り方
1. 天つゆの材料を鍋でひと煮立ちさせます。
2. ふきのとうの汚れている部分は除き、洗って水気をふきます。がくを開きます。
3. 白魚は洗い、ペーパータオルで水気をとります。小麦粉小さじ2(材料外)を薄くまぶします。
4. 水と卵を混ぜ、小麦粉をざっと混ぜて衣を作ります。
5. 揚げ油を中温(160〜170℃)に熱します。ふきのとうに衣をつけて、手早く揚げます。白魚を3〜5尾ずつ箸でまとめて衣をつけ、油に入れます。2分ほどでカリッと揚げます。

さよりのお造り

澄んだ身が美しいので、まずはお造りに。春先が旬です

さより
15分
1人分・73kcal

■作り方
❶さよりをAに約10分つけます。頭のほうから尾に向かって皮をはぎ、斜め5mm幅に切ります。
❷わかめは洗い、熱湯に通して3〜4cm長さに切ります。
❸花わさびも3〜4cm長さに切ります。熱湯をかけ、水気を軽くしぼって、ふたつきの容器に入れます。しょうゆ大さじ1（材料外）をかけ、容器ごとふって10分以上おくとしだいに辛味が出ます。
❹ラディッシュを細切りにし、さよりと混ぜて器に盛ります。②、③、練りわさびを添えます（写真は花わさびの花も）。

献立例⇨筑前煮、ふきみそ焼きおにぎり(p.82)、すまし汁

■材料2人分
さより（生食用・三枚におろしたもの）……2尾分（100g）
A ┌水……………カップ1
  └塩…………大さじ½
ラディッシュ……………2個
花わさび…………½束（50g）
わかめ（塩蔵）……………10g
練りわさび・しょうゆ…各少々
＊さよりは頭と内臓をとり、三枚におろします。腹骨のある黒い部分をそぎとります。

さよりの塩焼き

さっと焼くだけ。大人の食卓に似合います

さより
15分
1人分・105kcal

■作り方
❶さよりにAをふり、10分ほどおきます。身を2〜3等分ずつに切ります。
❷菜の花は、熱湯でゆでて水にとり、水気をしぼります。Bを混ぜてかけます。
❸グリルまたは焼き網を強火で熱し、さよりを軽く色づく程度に焼きます。盛りつけて、菜の花を添えます。

献立例⇨白魚の卵とじ(p.28)、うどの酢みそ、すまし汁

■材料2人分
さより（生食用・三枚におろしたもの）……4尾分（200g）
A ┌塩……………小さじ¼
  └酒…………大さじ1
菜の花………………50g
B ┌しょうゆ………小さじ⅓
  └だし……………小さじ1

めばるの煮つけ紹興酒風味

めばる 15分
1人分・112kcal

冬から春先にかけてが旬。辛味も加えて、食欲をそそる味つけです

■材料2人分
- めばる（下処理したもの）‥2尾（300g）
- ゆでたけのこ ……………… 50g
- 赤とうがらし（種をとる）……½本
- （飾り用）香菜 ……………… 2本

＜煮汁＞
- 水 ………………… カップ¼
- 紹興酒（または老酒 ラオチュウ）… カップ½
- 砂糖大さじ½　しょうゆ大さじ1½　みりん大さじ1

*老酒のブランドのひとつが紹興酒。もち米を原料に作られる醸造酒で、日本酒とはまた違う芳香が特徴です。
*めばるは、うろこ、えら、内臓を除きます。魚屋でおろしてもらっても。

■作り方
❶魚の表側に斜めの切りこみを2本入れます。
❷鍋やフライパンに煮汁を煮立て、魚を表を上にして並べ入れます。中火にし、落としぶたをのせ（鍋ぶたなし）、6〜7分煮ます（裏返しません）。
❸たけのこは4〜5cm長さの薄切りにします。
❹鍋のあいたところに、たけのこ、とうがらしを加えます。煮汁をスプーンでかけながら、さらに4〜5分煮ます。
❺魚の身をくずさないように皿に盛り、たけのこを添えます。煮汁をかけ、香菜を飾ります。

献立例⇒アスパラとえびのいためもの（p.54）、青菜のおひたし、みそ汁

魚がメインのおかず

さわらのしょうが焼き

中まで味がしみにくいので、濃いめの味をからませます。魚へんに春で鰆

さわら
15分
1人分・231kcal

献立例⇒キャベツとあさりの酒蒸し(p.60)、酢のもの、みそ汁

■作り方
❶さわらは塩をふって5分ほどおきます。身が厚い場合は皮に切り目を入れます。
❷わけぎは3cm長さに切ります。しょうがはせん切りにして水にさらします。Aは合わせます。
❸フライパンにバターを中火で溶かし、魚を皮側から焼きます。焼き色がついたら裏返し、ふたをして2〜3分焼き、火を通します。とり出します。
❹フライパンを洗い、Aを入れて中火で煮立てます。魚をもどして汁をからめ、皿にとります。
❺フライパンの汁にわけぎを入れてさっと火を通し、魚に添えます。しょうがをのせます。

■材料2人分
さわら	2切れ(160g)
塩	小さじ¼
バター	15g
わけぎ	80g

A
しょうが汁	大1かけ(20g)分
酒	大さじ1
みりん	大さじ1
しょうゆ	大さじ½

(飾り用)しょうが1かけ(10g)

さわらのソテー ミニトマトソース

粉をつけて香ばしく焼き、生トマトの酸味で食べます

さわら
15分
1人分・258kcal

献立例⇒アスパラとポテトのチーズ焼き(p.55)、スープ

■作り方
❶さわらは、塩、こしょうをふって5分ほどおきます。身が厚い場合は皮に切り目を入れます。
❷トマトは4つ割りにします。
❸さわらの水気をふき、小麦粉を薄くまぶします。
❹フライパンに油大さじ1を熱し、さわらを皮側から焼きます。焼き色がついたら裏返し、ふたをして中火で2〜3分焼き、火を通します。皿にとります。
❺フライパンを洗い、油大さじ½でトマトをいためます。Aを加え、煮くずれてきたら、魚にかけ、セロリの葉を飾ります。

■材料2人分
さわら	2切れ(160g)
(塩小さじ¼ こしょう少々)	
小麦粉	大さじ1
オリーブ油	大さじ1
セロリの葉(パセリ・バジルなどでも)	少々

<トマトソース>
| ミニトマト | 100g |

A
塩	小さじ⅛
こしょう	少々
白ワイン	大さじ2

| オリーブ油 | 大さじ½ |

魚がメインのおかず

いか
20分
1人分・240kcal

根みつばといかの わたいため

冬から春に出回る根みつばの、野趣あふれる味がおいしい

献立例⇨たけのこのおかか煮（p.57）、漬けもの、みそ汁

■材料2人分
根みつば……………1束（200g）
するめいか……小1ぱい（250g）
サラダ油……………大さじ1
A ┌ いかのはらわた……1ぱい分
　│ マヨネーズ…………大さじ1
　│ オイスターソース…小さじ1
　│ ごま油………………小さじ1
　└ 豆板醤（トーバンジャン）…小さじ½

■作り方
❶いかは足と軟骨を抜きます。皮つきのままエンペラ、胴は1cm厚さの輪切りにします。足は、はらわたをとり分け、大きな吸盤と足先は除いて、2本ずつにします。
❷ボールにいかのはらわたをしごき出し、Aといかを入れて混ぜます。約10分おきます。
❸根みつばは根元を落とし、5cm長さに切って茎と葉に分けます。太い茎は縦半分に切ります。
❹フライパン（大）に油を強火で熱し、みつばの茎、②を汁ごと入れていためます。火が通ったらみつばの葉を加え、ひと混ぜして火を止めます。

ほたるいかとさといもの煮もの

ほたるいかは春を告げる魚介のひとつ。酢みそで食べたり、さっと煮たりして

ほたるいか
20分
1人分・131kcal

■作り方
❶さといもは皮をむき、大きければ2～3つに切ります。塩でもんで、さっとゆで、洗ってぬめりをとります。
❷ほたるいかは、洗ってざるにとります。
❸しょうがは半分を薄切りに、残りをせん切りにします。
❹鍋にAを合わせて、さといも、薄切りのしょうがを入れます。落としぶたをして、中火で約10分煮ます。いもがやわらかくなったら、ほたるいかを加え、さらに約2分煮ます。
❺盛りつけて、せん切りのしょうがをのせます。

献立例⇒うど巻き焼き肉(p.17)、菜の花と桜えびのあえもの(p.51)、すまし汁

■材料2人分
ほたるいか(ボイル)……100g	だし……カップ1
さといも……250g	A 砂糖……大さじ1
塩……小さじ1/4	酒・しょうゆ……各大さじ1
しょうが……小1かけ(5g)	

小いかとスナップえんどうの煮もの

小いかは形のまま煮えます

小いか
10分
1人分・128kcal

■作り方
❶小いかは形のまま、足の内側にある、くちばしをとり除き、胴の内側の軟骨をはずします。水の中で目をとり除きます(墨がとばない)。
❷鍋にAを煮立て、いかを入れて、落としぶたをし、強めの中火で5～6分煮ます。
❸スナップえんどうの筋をとります。②の鍋に加え、さらに1～2分煮ます。
❹いかを食べやすく切り、えんどうと器に盛ります。煮汁を大さじ2くらいになるまで煮つめて、いかにかけます。

献立例⇒たけのこと油揚げの木の芽焼き(P.56)、酢のもの、みそ汁

■材料2人分
小いか……200g	水……カップ1/4
スナップえんどう……50g	酒……カップ1/4
	A 砂糖……小さじ1
	みりん……大さじ1
	しょうゆ……大さじ1½

いかと蒸しなすのエスニックサラダ

いか　12分
1人分・117kcal

なすはレンジ加熱。ほかのドレッシングで応用しても

魚がメインのおかず

献立例⇒豚肉の竜田揚げ(p.13)、漬けもの、みそ汁

■材料2人分
- いか（さしみ用細切り）…50g
- なす………………3個（250g）
- きゅうり……………………½本
- ピーナッツ………………20g

＜エスニックドレッシング＞
- にんにく（みじん切り）………小1片（5g）
- 赤とうがらし（小口切り）………½本
- ナムプラー……………大さじ1
- レモン汁………………大さじ1
- 砂糖……………………小さじ1

■作り方

❶なすはへたを落として皮をむき、水に2〜3分さらします。水気がついたままラップで包み、電子レンジ（500W）で3〜4分加熱します。ラップに包んだままさまします。

❷なすを縦にさいて、長さを半分に切ります。きゅうりは斜め薄切りにしてから細切りに、ピーナッツはあらみじん切りにします。

❸いかは熱湯をさっとかけます。

❹ドレッシングの材料を合わせ、なす、きゅうり、いかをあえます。盛りつけてピーナッツをふります。

いかのわたいため南欧風

新鮮なするめいかが手に入ったら。つけ合わせはご自由に

いか
10分
1人分・218kcal

■作り方
❶いかは足と軟骨を抜きます。皮つきのままエンペラ、胴は7〜8mm厚さの輪切りにします。足は、はらわたをとり分け、大きな吸盤と足先を除いて、1本ずつにします。
❷ボールにいかを入れ、はらわたの中身、Aと混ぜます。
❸Bを用意します。フライパンに油を弱めの中火で熱し、Bを加えていためます。香りが出てきたら、②を汁ごと加えて強火でいため、いかが白くなったら、すぐ皿にとります（いためすぎると、わたがモロモロと固まります）。

＊サフランライス（320g分）の作り方
①米150gを洗い、水180mℓ、サフラン1つまみを加えて30分以上おきます。
②ざっと混ぜて、バター10g、固形スープの素½個（くだく）、塩、こしょう各少々を加え、炊きます。（全量で614kcal）

献立例⇨ トマトときゅうりのじゃこサラダ（p.68）、スープ

■材料2人分
いか（生食用）……1ぱい（300g）
A ┌ ローリエ …………… 1枚
  │ 白ワイン ………… 大さじ3
  │ 塩 ………………… 小さじ¼
  └ こしょう ……………… 少々
B ┌ にんにく（みじん切り）…1片（10g）
  └ 赤とうがらし（種をとる）…½本
オリーブ油 ………… 大さじ1½

＊つけ合わせは、パンやライス、生野菜などお好みで（写真はサフランライス・イタリアンパセリ）。

いかと野沢菜のいためもの

漬けものの油いためは、コクが出ておかずにぴったり

いか
15分
1人分・144kcal

■作り方
❶いかは足と軟骨を抜きます。皮をむき、胴を開いて格子状に切り目を入れ、約2×4cmに切ります。足は、大きな吸盤、足先を除き、4cm長さに切ります。
❷いかをボールに入れ、酒、塩をふり、かたくり粉を混ぜます。
❸たけのこは2×4cmの薄切り、野沢菜は4cm長さに切ります。
❹フライパン（大）に油を熱し、いか、たけのこを強火でいためます。いかが白くなってきたら、野沢菜を加えてさっといため、Aをふって、火を止めます。

献立例⇨ トマトのかんてんドレッシング（p.69）、さやえんどうのごまあえ、みそ汁

■材料2人分
いか…………小1ぱい（250g）
┌ 酒 ……………… 大さじ1
│ 塩 ……………… 小さじ⅓
└ かたくり粉 …… 大さじ½
ゆでたけのこ ………… 80g
野沢菜漬け …………… 100g
ごま油 ………… 大さじ½
A ┌ しょうゆ ……… 小さじ½
  └ こしょう ……………… 少々

魚がメインのおかず

かつお
10分
1人分・96kcal

かつおの変わりたたき

薬味を混ぜこんでみました。初がつおを目先を変えて食卓に

献立例⇨とり肉の木の芽焼き(p.5)、酢のもの、すまし汁

■材料2人分
かつお(さしみ用さく)…130g
しょうが……大1かけ(15g)
にんにく………小1片(5g)
万能ねぎ……………3本
新たまねぎ…………½個(80g)
しその葉………………2枚
しょうゆ………………適量

■作り方
❶たまねぎは薄切りにし、水にさらします。
❷しょうが、にんにくはみじん切りにします。万能ねぎは小口切りにします。
❸かつおは6～8mm角に細かく切り、ボールに入れて②を混ぜます。
❹たまねぎの水気をよくきり、皿に盛ります。しそを添えて③を盛りつけます。しょうゆをつけて食べます。

かつおの香味漬け

薬味どっさりがおいしい。ごはんにのせて

かつお
8分(冷蔵時間は除く)
1人分・121kcal

■作り方
① つけ汁の材料を器に合わせます。
② かつおを約7mm厚さに切り、つけ汁につけます。15分ほど冷蔵します。
③ みょうがは小口切りにして水にさらし、水気をきります。万能ねぎも小口切りにします。ごまは小鍋で軽くいります。
④ かつおの上に、③をたっぷりのせます。

献立例⇨牛肉と新ごぼうの柳川(p.17)、青菜のおひたし、すまし汁

■材料2人分
かつお(さしみ用さく)…150g
みょうが…………………2個
万能ねぎ………………2〜3本
いりごま(白)…………大さじ1

＜つけ汁＞
しょうが汁……大1かけ(15g)
にんにく(すりおろす)…小1片(5g)
しょうゆ…………大さじ1½
酢…………………大さじ1

かつおの海藻サラダ

ドレッシングににんにくを効かせます

かつお
15分
1人分・166kcal

■作り方
① かつおに塩、こしょうをふり、5分ほどおきます。
② 海藻サラダは水につけてもどし、食べやすい大きさに切ります。セロリは筋をとり、斜め薄切りにして水に放します。パリッとしたら水気をきります。
③ ドレッシングの材料を合わせます。
④ 氷水を用意します。フライパンにサラダ油を熱し、かつおの表面だけをさっと焼きます。氷水にとり、水気をふいて約7mm厚さに切ります。
⑤ ②と盛りつけ、③をかけます。

献立例⇨さやいんげんのひき肉はるさめ(p.22)、すまし汁

■材料2人分
かつお(さしみ用さく)…150g
塩・こしょう…………各少々
サラダ油………………小さじ1
海藻サラダ(乾燥)………5g
セロリ……………½本(50g)

＜ドレッシング＞
にんにく(みじん切り)…小1片(5g)
しょうゆ…………大さじ1½
白ワイン…………大さじ1
ワインビネガー(白・または酢)……大さじ1
オリーブ油………大さじ1

魚がメインのおかず

あゆの梅酒煮

あゆ 15分
1人分・130kcal

甘露煮よりもずっとかんたん。梅の季節に合わせて

■材料2人分
あゆ ……………… 2尾（200ｇ）
＜煮汁＞
梅酒 ……………… 50ml
水 ………………… 100ml
しょうゆ ………… 大さじ1½
みりん …………… 大さじ1
梅酒の実 ………… 2個

■作り方
❶あゆは、包丁でうろこをこそげとり（内臓はそのまま）、洗って水気をふきます。
❷鍋に煮汁の材料を合わせて煮立て、あゆを表側を上にして並べて入れます。沸とうしたら、弱火にして落としぶたをし（鍋ぶたなし）、時々煮汁をかけながら、約10分煮ます（魚は裏返しません）。
❸皿にあゆを盛り、梅の実を添えて、煮汁をかけます。

献立例⇒じゃが梅いため(p.63)、新ごぼうとみつばのごま酢あえ(p.59)、みそ汁

あゆのみぞれ野菜のせ

すりおろし野菜をたっぷりのせます

あゆ
15分
1人分・98kcal

■作り方
① あゆは、包丁でうろこをこそげとり（内蔵はそのまま）、洗って水気をふきます。
② グリルまたは焼き網を熱し、あゆを表側から焼き、両面を焼きます（約10分）。
③ だいこん、きゅうりはすりおろし、合わせてざるにとって自然に水気をきります。ねぎは小口切りにします。
④ ③と調味料を合わせ、焼きたてのあゆにのせます。

献立例⇒ほたての梅炊きごはん（p.85）、青豆とえびのあんかけ（p.65）、すまし汁

■材料2人分
あゆ	2尾（200g）

＜みぞれ野菜＞
だいこん	100g
きゅうり	½本
ねぎ	5cm
うすくちしょうゆ	小さじ1
塩	少々

あゆの焼き漬け

谷中しょうがが香味になって美味

あゆ
15分
1人分・102kcal

■作り方
① あゆは、包丁でうろこをこそげとり（内蔵はそのまま）、洗って水気をふきます。
② グリルまたは焼き網を熱し、あゆを表側から焼き、両面を焼きます（約10分）。
③ 谷中しょうが、ねぎはそれぞれ斜め薄切りにします。
④ 小鍋につけ汁の調味料を合わせて、火にかけます。煮立ったら、③を加え、再び煮立ったら火を止めます。焼きたてのあゆにかけます。
＊すぐにでも、さめて味がしみてからでもおいしく食べられます。

献立例⇒新じゃがとひき肉のいためあえ（p.24）、きゅうりの酢のもの、みそ汁

■材料2人分
あゆ	2尾（200g）
谷中しょうが	3本（20g）
ねぎ	½本

＜つけ汁＞
だし	70mℓ
しょうゆ	小さじ2½
みりん	小さじ1

魚がメインのおかず

えび
13分
1人分・153kcal

えびとピーマンのバジルいため

東南アジア風の味つけが夏においしい

献立例⇒新じゃがとグリーンピースのスープ煮(p.64)、サラダ、スープ

■材料2人分
えび（大きめのもの）‥8尾（160g）
黄ピーマン ……… 大1個（150g）
サラダ油 ……………… 大さじ1
バジル ………………………… 2枝

A［ にんにく（みじん切り）
　　　　………… 小1片（5g）
　　赤とうがらし（小口切り）
　　　　……………………… 1/3本 ］

B［ 水 …………………… カップ1/2
　　スープの素 ……… 小さじ1/2
　　砂糖 ……………… 小さじ1/3
　　かたくり粉 ……… 小さじ1
　　ナムプラー ……… 大さじ1 ］

■作り方
❶ピーマンは、ひと口大の乱切りにします。
❷えびは尾を残して殻をとります。包丁で背に切りこみを入れて開き、背わたをとります。
❸Aを用意し、Bは合わせます。
❹フライパン（大）に油を熱し、Aを弱めの中火でいためます。香りが出てきたら、ピーマン、えびを加えて強火にします。
❺ざっといため、えびの色が変わったらBを加えます。とろみが出てきたら火を止め、バジルの葉をちぎって加えます。

あさりのエスニックスープ

あさりは、みそ汁のほかトムヤムクン風の味にしても

あさり
6分
1人分・17kcal

■作り方
❶あさりは殻をこすり合わせて、よく洗います。
❷しょうがは薄切りにします。赤とうがらしは種をとります。
❸鍋に、①、②、Aを合わせて火にかけます。アクが出てきたらすくい、貝の口が開いたら、火を止めます。
❹レモンはくし形に、香菜は3cm長さに切ります。スープをよそって香菜を散らし、レモンを添えます。

＊あさりの砂抜きの方法
貝が半分つかるくらいの塩水（水カップ1に塩小さじ1の割合）につけて、暗いところに2～3時間おきます。

献立例⇒豚肉のにんにくじょうゆ焼き(p.13)、凍りトマトのマリネ(p.68)

■材料2人分
あさり（殻つき・砂抜き）…200g
しょうが………小1かけ（5g）
赤とうがらし……………1本
A ｢水……………カップ1½
　 ナムプラー………小さじ1
レモン………………………¼個
香菜（シャンツァイ）………………2～3本

そら豆とほたてのいためもの

そら豆はレンジ加熱で下ゆでできます

ほたて
15分
1人分・158kcal

■作り方
❶そら豆は1つずつ切りこみを入れます。洗って水気がついたまま皿にのせ、ラップをして電子レンジ（500W）で約2分加熱します。豆の皮をむきます。
❷しょうがは薄切り、赤ピーマンは1.5cm角に切り、ねぎは1cm長さのぶつ切りにします。
❸ほたては半分に切ります。Aは合わせます。
❹フライパン（大）に油を中火で熱し、しょうがを軽くいためます。ほたて、野菜を加えて強火で2～3分いためます。Aを加えて混ぜ、煮汁にとろみが出たら火を止めます。

献立例⇒とり肉と新じゃがのごま煮(p.5)、サラダ、スープ

■材料2人分
ほたて貝柱（生食用）………3個
そら豆（さやなし）………150g
赤ピーマン………小1個（40g）
ねぎ………………………½本
しょうが…………1かけ（10g）
A ｢湯………………カップ¼
　 スープの素………小さじ½
　 酒…………………大さじ1
　 塩・こしょう………各少々
　 かたくり粉………小さじ1
サラダ油……………大さじ½

魚がメインのおかず

あじ 12分
1人分・182kcal

あじのソテー 香味野菜のせ

夏の季節の香りがさわやか。あじは焼くだけです

献立例⇒長いものずんだあえ(p.77)、オクラとわかめのサラダ(p.93)、みそ汁

■材料2人分
あじ（三枚におろしたもの）
　……………2尾分（160ｇ）
　（塩小さじ¼　こしょう少々）
小麦粉……………大さじ1
しその葉……………4枚
みょうが……………2個
サラダ油……………大さじ1

＜ぽん酢しょうゆ＞
しょうゆ……………大さじ1
レモン……………¼個

■作り方
❶しそ、みょうがはせん切りにし、合わせて水にさらし、水気をきります。
❷あじに塩、こしょうをふります。小麦粉を薄くまぶします。
❸フライパンに油を熱し、あじを身側を下にして強めの中火で焼きます。よい焼き色がついたら裏返し、皮側もカリッと焼きます。
❹あじを皿に盛り、①をのせます。しょうゆにレモンをしぼって添え、かけて食べます。

あじの緑酢あえ

彩りも味もさっぱり。魚屋さんでおろしてもらえば手軽

あじ
10分
1人分・110kcal

■作り方
① きゅうりをすりおろし、ざるにのせて自然に水気をきります。
② しょうがは皮をこそげて、せん切りにします。水にさらして、水気をきります。
③ あじは、ひと口大のそぎ切りにします。
④ ボールにAを合わせます。食前に①を混ぜ、あじをあえます。
⑤ 盛りつけて、しょうがをのせます。

献立例⇒なすとひき肉のいため煮しそ風味(p.23)、かぼちゃの甘煮、すまし汁

■材料2人分
- あじ(生食用・三枚におろし皮をむいたもの)…2尾分(160g)
- きゅうり……1本
- しょうが……1かけ(10g)

A
- 酢……大さじ2
- うすくちしょうゆ……小さじ½
- 砂糖……少々
- 塩……少々

小あじの南蛮漬け

はらわたは手で引っぱって除けます

小あじ
20分
1人分・165kcal

■作り方
① あじは、頭を押さえ、えら、はらわたを手で引っぱって除きます。洗って、水気をふきます。
② ねぎは4cm長さに切り、みょうがは縦半分に切ります。
③ 小鍋にAを合わせてひと煮立ちさせ、トレーなどに入れます。
④ フライパンで、ねぎを中火で焼きます(油なし)。焼きめがついたら、Aにつけます。
⑤ 油を中温(160～170℃)に熱し、みょうがをそのまま入れて手早く揚げます。あじは小麦粉を薄くまぶして入れ、2～3分かけて揚げます(2～3回に分ける)。揚げたてをAにつけます。

献立例⇒とうふと枝豆のオムレツ(p.76)、なすのみそからし漬け(p.73)、すまし汁

■材料2人分
- 小あじ(豆あじ) 7～8尾(150g)
- 小麦粉……大さじ1
- ねぎ……½本
- みょうが……2個
- 揚げ油……適量

A
- 水……60ml
- 砂糖……大さじ1
- しょうゆ……大さじ2
- 酢……大さじ2
- 酒……大さじ1½
- 赤とうがらし(小口切り)……½本

魚がメインのおかず

まぐろの網焼き

まぐろ 18分
1人分・156kcal

さっとあぶり焼きにして、さしみとはひと味違った味わいに

■材料2人分
- まぐろ(さしみ用さく)…160g
- 塩……………………少々
- サラダ油……………小さじ1
- A
  - みそ……………大さじ½
  - 酒………………大さじ1
  - しょうゆ………大さじ1
  - みりん…………大さじ1
  - しょうが汁……小さじ1
- きゅうり………………1本
- 塩………………小さじ¼
- みょうが………………1個
- わかめ(塩蔵)…………10g

■作り方

❶トレーにAを合わせます。まぐろに塩をふってから、Aに約10分つけます(途中上下を返す)。

❷きゅうりは小口切りにし、塩をふって、水気が出たらしぼります。みょうがは薄切りにし、水にさらして水気をきります。

❸わかめは洗い、熱湯にさっと通します。水にとり、水気をしぼって3～4cm長さに切ります。

❹グリルか焼き網の網、またはフライパンに油を塗って熱します。強火でまぐろの表面をさっと焼きます。ひと口大に切り、②③と盛ります。

❺残ったつけ汁を小鍋で軽く煮立てます。さまして、添えます。

献立例⇒なすの田舎煮(p.72)、豚肉と新しょうがのいためもの(p.16)、みそ汁

まぐろのアボカドソース
わさびじょうゆをかくし味に、相性のいいコンビで

まぐろ
10分
1人分・137kcal

■作り方
❶かいわれは根元を落とし、長さを半分に切ります。
❷まぐろは薄切りにします。
❸アボカドは中身をとり出して、フォークなどでつぶし、Aを混ぜます。
❹盛りつけます。まぐろにアボカドをつけながら食べます。
＊食べるまでに時間があくときは、③にレモン汁または酢少々を混ぜて、変色を防ぎます。

献立例⇨厚揚げの辛味じゃこソース(p.91)、香味野菜の即席漬け(p.73)、みそ汁

■材料2人分
まぐろ(さしみ用さく)…100g
かいわれだいこん…½パック(20g)
アボカド……………½個
A［うすくちしょうゆ……大さじ½
　　練りわさび………小さじ½］

まぐろの芽かぶあえ
とにかく混ぜるだけ

まぐろ
3分
1人分・74kcal

■作り方
❶しょうがはみじん切りにします。万能ねぎは斜め切りにします。
❷まぐろを芽かぶであえ、しょうがも混ぜます。
❸盛りつけてねぎをのせます。
＊芽かぶの味つけが薄いようなら、しょうゆ、酢、みりんを好みでたします。

献立例⇨牛肉と大葉の重ね焼き(p.19)、漬けもの、みそ汁

■材料2人分
まぐろ(さしみ用・ぶつ切り)…100g
芽かぶ(味つき)………100g
しょうが………小1かけ(5g)
万能ねぎ……………1本

魚がメインのおかず

うなぎとにんにくの芽のいためもの

うなぎ1串で作れます。濃いめの味で食がすすみます

献立例⇒トマトときゅうりのじゃこサラダ(p.68)、みそ汁

■材料2人分
- うなぎのかば焼き……1串(100g)
- にんにくの芽……………100g
- ねぎ………………………½本
- にんにく……………小1片(5g)
- しょうが……………1かけ(10g)
- A[オイスターソース…小さじ1
-   しょうゆ…………大さじ½
-   酒…………………大さじ½]
- サラダ油………………大さじ1

|うなぎ|
13分
1人分・247kcal

■作り方

❶にんにくの芽は3〜4cm長さに切って、さっとゆでます。ねぎは斜め薄切りにします。うなぎは1cm幅に切ります。

❷にんにく、しょうがは薄切りにします。

❸Aは合わせます。

❹フライパン(大)に油を熱し、②を弱めの中火でいためます。香りが出てきたら、ねぎ、にんにくの芽、うなぎを加え、強火でいためます。Aを加えて大きく混ぜます。

うなぎどうふ

レンジでチン、魚くさくないから不思議です。夏バテ防止に

献立例⇒ゴーヤーの油みそ(p.75)、香味野菜の即席漬け(p.73)、すまし汁

■材料2人分
- うなぎのかば焼き…1串(100g)
- もめんどうふ………1丁(300g)
- おかひじき………………50g
- しょうが……………小1かけ(5g)
- 粉ざんしょう……………少々
- A[だし…………………大さじ2
-   酒・しょうゆ……各小さじ2
-   みりん……………小さじ2]

|うなぎ|
8分
1人分・274kcal

■作り方

❶とうふは半分に切り、うなぎもとうふの大きさに切ります。

❷おかひじきは根元のかたいところを切り落とし、食べやすい長さに切ります。しょうがはすりおろします。Aは合わせます。

❸1人分ずつの器にとうふを入れ、うなぎをのせます。おかひじきを加えて、Aをかけます。

❹ラップをかけて、電子レンジ(500W)で2個で約2分30秒加熱します。

❺粉ざんしょうをかけ、しょうがをのせます。

たちうおの ねぎ辛ソース

辛味のきいたソースも同じフライパンで作ります

たちうお
15分
1人分・299kcal

■作り方

❶魚に塩をふり、約5分おきます。

❷ねぎは斜め薄切りに、しょうがはせん切りにします。Aは合わせます。

❸魚の水気をふき、かたくり粉を薄くまぶします。

❹フライパンにサラダ油を熱し、魚を入れて強火で焼きます。焼き色がついたら裏返して中火にし、中まで火を通します。

❺フライパンをきれいにし、ごま油を熱して、ねぎ、しょうがをさっといためます。Aを加えて混ぜます。魚にかけます。

献立例⇨かぼちゃとひじきの梅サラダ(p.79)、冷奴、みそ汁

■材料2人分
- たちうお……2切れ(200g)
- 塩……小さじ1/4
- かたくり粉……大さじ1
- サラダ油……大さじ1

＜ねぎ辛ソース＞
- ねぎ(青いところも)……1/3本
- しょうが……大1かけ(15g)
- ごま油……大さじ1/2
- A「しょうゆ……大さじ1 1/2
-   酢大さじ1 豆板醤(トーバンジャン)小さじ1/2」

たちうおのソテー バジル風味

庭のバジルも茂るころ。おいしいソースが作れます

たちうお
15分
1人分・326kcal

■作り方

❶魚の片面に1～2本切り目を入れ、塩、こしょうをふって約5分おきます。

❷AとBはそれぞれ用意します。

❸魚の水気をふき、小麦粉を薄くまぶします。

❹フライパンにサラダ油を熱し、魚を強火で焼きます。焼き色がついたら裏返して中火にし、中まで火を通します。

❺フライパンをきれいにし、オリーブ油を中火で熱して、Aをさっといためます。Bを加えてひと混ぜし、火を止めます。

❻レタスと魚を盛りつけます。レモンをのせ、❺をかけます。

献立例⇨トマトの冷製パスタ(p.87)、スープ

■材料2人分
- たちうお..2切れ(200g)
- 塩・こしょう…各少々
- 小麦粉……大さじ1/2
- サラダ油…大さじ1
- プリーツレタス……1～2枚
- レモンの輪切り..2枚

＜バジルソース＞
- A「にんにくのみじん切り……1片(10g)分
-   赤とうがらしの小口切り……1/2本分」
- B「バジルのみじん切り 1/2パック(20g)分
-   塩……少々
-   レモン汁……1/2個分」
- オリーブ油…大さじ1

魚がメインのおかず

たこときゅうりの中華サラダ

たこ 15分 / 1人分・118kcal

和風の酢のもの同様、食卓の定番になります

■材料2人分
- ゆでだこ ……………… 150g
- きゅうり ……………… 1本
- ねぎ …………………… 5cm
- しょうが ……… 小1かけ（5g）

＜中華ドレッシング＞
- 酢 …………………… 大さじ1
- 砂糖 ………………… 小さじ1
- 酒 …………………… 小さじ1
- しょうゆ …………… 小さじ2
- 豆板醤（トーバンジャン）…… 小さじ½
- ごま油 ……………… 小さじ1

■作り方

❶きゅうりは1〜2cm大の乱切りにし、塩小さじ⅙（材料外）をふって10分ほどおき、水気をしぼります。

❷ねぎ、しょうがはせん切りにし、合わせて水にさらします。

❸たこは、ひと口大のぶつ切りにします。

❹中華ドレッシングの材料を混ぜます。食べる直前に全部をあえます。

献立例⇒とうふステーキなめこおろしがけ（p.91）、青菜のおひたし、みそ汁

なすたこ揚げのピリ辛だれ

作りたても、味がしみてからもおいしい

たこ
15分
1人分・240kcal

■作り方
① ソースの香味野菜を切って、ソースの材料を合わせます。
② なすは縦半分に切り、さらに3つくらいの乱切りにします。
③ たこは5〜6mm厚さ、ひと口大のそぎ切りにします。小麦粉をまぶし、余分な粉は落とします。
④ 揚げ油を中温(170℃)に熱し、なすを約2分揚げてとり出します。温度を約180℃に上げ、たこを入れます(はねやすいので気をつけます)。10秒ほどですぐとり出します。
⑤ なすとたこを盛り、ソースをかけます。

献立例⇨高菜入り肉だんごのレンジ蒸し(p.25)、サラダ、みそ汁

■材料2人分
ゆでだこ ……………… 150g
　小麦粉 ……………… 大さじ1½
なす …………………… 4個
揚げ油 ………………… 適量

＜薬味ソース＞
ねぎ(みじん切り) ……… 5cm
しょうが(みじん切り) … 小1かけ(5g)
赤とうがらし(あらみじん切り) … ⅓本
酒・酢・しょうゆ … 各大さじ1
砂糖…小さじ1　塩…少々

たこの梅ドレッシング

梅肉でさっぱり。たこをあえて小鉢に盛っても

たこ
10分
1人分・117kcal

■作り方
① しそは軸をとって細切りにし、水にさらして水気をきります。
② 梅干しは果肉を包丁でたたきます。ドレッシングの材料を混ぜます。
③ たこはそぎ切りにして、皿に並べます。ドレッシングをかけ、しそを散らします。

献立例⇨ゴーヤーの油みそ(p.75)、なすの田舎煮(p.72)、みそ汁

■材料2人分
ゆでだこ ……………… 100g
しその葉 ……………… 5枚

＜梅ドレッシング＞
梅干し ……… 大1個(20g)
白ワイン …………… 小さじ2
ワインビネガー(白) … 小さじ1
オリーブ油 ………… 大さじ1

たらの芽のみそいため

野菜がメインのおかず

たらの芽はえぐ味も少なく、山菜の中では手軽に扱えます

献立例⇒たいの紙包み焼き(p.26)、浅漬け、すまし汁

■材料2人分
- たらの芽 …………… 100g
- 姫たけのこ(水煮) …… 50g
- 豚ロース肉(薄切り) …… 50g
- サラダ油 …………… 大さじ1

A
- みそ …………… 大さじ1
- 酒 …………… 大さじ1
- 砂糖 …………… 小さじ1
- しょうゆ …………… 少々

たらの芽(山菜)
10分
1人分・169kcal

■作り方

❶たらの芽はさっと洗い、汚れた部分を除きます。

❷熱湯で①と姫たけのこを一緒に1分ほどゆでます。水にとり、水気をきります。たらの芽の大きいものは縦半分に切り、たけのこも同じくらいの大きさに、斜めに切ります。

❸豚肉は1.5cm幅に切ります。Aは合わせます。

❹鍋に油を熱し、肉をいためます。肉の色が変わったら、②を加えていため、全体に油が回ったら、Aを加えてからめます。

こごみのくるみあえ

天ぷら、おひたし、あえもの。早春の山菜はシンプルに食べる

献立例⇒さよりの塩焼き(p.29)、いりどうふ、みそ汁

■材料2人分
- こごみ …………… 100g

<くるみ衣>
- くるみ …………… 30g
- 砂糖 …………… 小さじ1
- 塩 …………… 少々
- しょうゆ …………… 小さじ½
- だし …………… 大さじ1½~2

こごみ(山菜)
10分
1人分・123kcal

■作り方

❶こごみは熱湯でゆで、水にとります。3~4cm長さに切ります。

❷くるみはオーブントースターで、1~2分焼いてカリッとさせます。すり鉢ですりつぶします。衣の材料を加えて混ぜます。

❸こごみを衣であえます。

菜の花と桜えびのあえもの

桜えびが味を出し、菜の花のほろにがさをひきたてます

菜の花
8分
1人分・28kcal

■作り方
❶菜の花は茎のかたい部分を1cmほど切り落とします。熱湯でさっとゆで、水にとって水気をしぼります。約4cm長さに切ります。
❷桜えびはフライパンで弱火でいり(油なし)、パリッとさせます。
❸菜の花と桜えびを、だしとしょうゆであえます。

献立例⇒さわらのしょうが焼き(p.31)、五目豆、みそ汁

■材料2人分
菜の花 ……………½束(100g)
桜えび ……………………5g
だし ……………………小さじ2
しょうゆ …………………小さじ2

菜の花とあさりのからしあえ

相性のよい春の出会いものをあえました

菜の花
10分
1人分・29kcal

■作り方
❶菜の花は茎のかたい部分を1cmほど切り落とします。熱湯でさっとゆで、水にとって水気をしぼります。3~4cm長さに切ります。
❷あさりは塩水(水1カップに塩小さじ1の割合)で洗い、水気をきります。鍋に入れ、酒をふって強火にかけます。混ぜながららいり煮にし、あさりがふっくらとしてきたら、火を止めます。汁と分けます。
❸Aを合わせて、菜の花とあさりをあえます。

献立例⇒牛肉と新ごぼうの柳川(p.17)、だいこんの甘酢漬け、すまし汁

■材料2人分
菜の花 ……………½束(100g)
あさり(むき身) …………50g
　酒 ………………………大さじ1
A ┌あさりの煮汁 ………大さじ1
　│しょうゆ ……………小さじ1
　└練りがらし …………小さじ½

うどの菜種あえ

野菜がメインのおかず

甘酢のやさしい味で春の野菜をあえました。卵を菜の花に見立てて

献立例⇒とり肉の木の芽焼き(p.5)、ひじきの煮もの、みそ汁

うど
7分
1人分・77kcal

■材料2人分

うど	小½本(150g)	<甘酢>
さやえんどう	50g	砂糖 … 大さじ1
卵	1個	酢 … 大さじ3
砂糖・塩	各少々	塩 … 少々

■作り方

❶うどは5cm長さに切り、皮を厚めにむきます。1cm幅くらいのたんざく切りにし、水にさらします。

❷さやえんどうは筋をとります。色よくゆでて、斜め半分に切ります。

❸卵はほぐし、砂糖、塩を加えて調味します。小鍋でいり卵を作ります(油なし)。

❹うどの水気をよくきります。甘酢の調味料を混ぜ、全部をあえます。

うどとささみのマヨネーズあえ

ゆずこしょうが入ると、味のアクセントになります

献立例⇒さわらのソテーミニトマトソース(p.31)、青菜のおひたし、スープ

うど
10分
1人分・165kcal

■材料2人分

うど	小½本(150g)	きくらげ(乾燥) … 2g
とりささみ	2本(100g)	A〔マヨネーズ … 大さじ2½
塩	小さじ⅛	(あれば)ゆずこしょう … 小さじ½
酒	小さじ1	

■作り方

❶きくらげはぬるま湯に5分ほどつけてもどし、熱湯で2～3分ゆでます。大きければ2～3つに切ります。

❷ささみは器に入れて、塩、酒をふり、ラップをして電子レンジ(500W)で2～3分加熱します。筋をとり、細くさきます。

❸うどは5cm長さに切り、皮を厚めにむきます。5mm角の拍子木切りにし、酢水(水1カップに酢小さじ1の割合)にさらします。

❹ボールにAを合わせ、全部をあえます。

うどと生麩の含め煮

煮たあとにそのままおいて味を含ませるのがコツです

うど 15分
1人分・167kcal

■作り方
❶うどは5cm長さに切り、皮を厚めにむきます。酢水（水1カップに酢小さじ1の割合）にさらします。
❷生ふは、1.5cm幅に切ります。えびは殻をむき、背わたをとります。
❸鍋に煮汁の材料を煮立てて中火にし、うど、生ふを入れて5分ほど煮ます。
❹うどがやわらかく煮えたら、えびを加えて1～2分煮、火を止めます。少しおいて味をよく含ませます。
❺器に盛り合わせ、木の芽を飾ります。

献立例⇒めばるの煮つけ紹興酒風味(p.30)、浅漬け、すまし汁

■材料2人分
うど………………½本(200g)
生ふ(よもぎ、桜など)…100g
えび………………大4尾(120g)
<煮汁>
だし………………カップ1
みりん……………大さじ2
うすくちしょうゆ…大さじ1
(飾り用)木の芽…………少々

うどの皮のきんぴら

斜めに切ることで、繊維が切れて筋ばりません

うど 7分
1人分・63kcal

■作り方
❶うどの皮は、むいた形を開くと長方形になっています。これを5～6mm幅に斜めに切ります。水にさらし、水気をきります。
❷鍋に油を熱し、①を強火でいためます。全体に油がよくなじんだら、調味料を加え、強火のまま、汁気がなくなるまでいため煮にします。

献立例⇒うど巻き焼き肉(p.17)、ふきのからし酢みそかけ(p.58)、すまし汁

■材料2人分
うどの皮(厚めにむいたもの)…150g
サラダ油……………小さじ2
しょうゆ……………大さじ1
砂糖…………………小さじ1
(好みで)七味とうがらし…少々

野菜がメインのおかず

アスパラガス
12分
1人分・117kcal

アスパラとえびのいためもの

元気のいいアスパラガスが手に入ったらぜひ。春の勢いを感じさせます

献立例⇨春キャベツとソーセージのマスタードあえ（p.61）、あさりのエスニックスープ（p.41）

■材料2人分
グリーンアスパラガス……5本（100ｇ）
むきえび（大きめのもの）……100ｇ
しょうが ………1かけ（10ｇ）
サラダ油 ……………大さじ1

A［
酒 ……………………大さじ1
砂糖 ………………小さじ½
塩 …………………小さじ¼
しょうゆ …………小さじ½
］

＊むきえびが塩からい場合は、塩、しょうゆを減らしてください。

■作り方
❶アスパラガスは根元を落とし、かたい皮はむきます。熱湯でかためにゆでます（または、水気がついたままラップをかけ、電子レンジ（500W）で約1分加熱）。4cm長さに切ります。
❷しょうがはみじん切りにします。えびは背わたをとります。
❸Aを合わせます。
❹フライパンに油を弱めの中火で熱し、しょうがをいためます。香りが出てきたら、えびを加えて強めの中火にします。色が変わってきたら、アスパラを混ぜ、Aを加えて全体にからめます。

アスパラとポテトのチーズ焼き

太めのアスパラなら、歯ごたえがおいしい

アスパラガス
20分
1人分・320kcal

■作り方
① アスパラは根元を落とし、かたい皮はむきます。じゃがいもは約3mm厚さの薄切りにします。それぞれをゆでます（または、水気がついたままラップをかけ、電子レンジ（500W）で加熱します。アスパラ約1分、じゃがいもは皿に広げて約5分）。
② じゃがいもは熱いうちにつぶし、塩、こしょうをふります。
③ ハムを1cm角に切り、②と混ぜて耐熱皿に入れ、アスパラを適当な長さに切ってのせます。バターはちぎってのせ、チーズものせます。
④ オーブントースターで5～6分焼き、焼き色をつけます。

献立例⇒クレソンと新たまねぎのサラダ(p.61)、スープ

■材料2人分
グリーンアスパラガス‥4本(80g)	ハム‥‥‥‥‥‥‥‥‥1枚
じゃがいも‥‥‥‥2個(300g)	バター‥‥‥‥‥‥‥‥10g
塩・こしょう‥‥‥各少々	溶けるチーズ‥‥‥‥‥80g

アスパラのピーナッツバターいため

アスパラをゆでておくと、ササッと作れます。コクのある一品

アスパラガス
15分
1人分・97kcal

■作り方
① アスパラガスは根元を落とし、かたい皮をむいて、5cm長さの斜め切りにします。熱湯でかためにゆでます（または、水気がついたままラップをかけ、電子レンジ（500W）で約1分加熱）。
② にんじんは3cm長さのたんざく切り、たまねぎは薄切りにします。
③ Aを混ぜます。フライパンにバターを溶かし、たまねぎとにんじん、アスパラの順に加えて軽くいためます。Aを加えて全体に混ぜ、塩、こしょうで調味します。

献立例⇒ステーキ肉のサラダ(p.20)、スープ

■材料2人分
グリーンアスパラガス‥‥5本(100g)	A ┌ピーナッツバター（チャンク・無糖）‥‥大さじ1 　└酒‥‥‥‥‥‥‥大さじ½強
にんじん‥‥‥‥‥‥‥‥30g	塩‥‥‥‥‥‥‥‥小さじ⅛
たまねぎ‥‥‥‥‥‥‥‥30g	こしょう‥‥‥‥‥‥少々
バター‥‥‥‥‥‥‥‥‥10g	

野菜がメインのおかず

たけのこのベーコンいため
朝のパン食にも合います

献立例⇨かつおの海藻サラダ(p.37)、キャベツの浅漬け、みそ汁

■材料2人分
- ゆでたけのこ……………200g
- ベーコン……2～3枚(50g)
- 塩・こしょう………各少々
- サラダ油……………大さじ½
- バター……………………10g
- しょうゆ……………………少々

たけのこ
10分
1人分・200kcal

■作り方
❶たけのこは、ひと口大、5～6mm厚さの薄切りにします。
❷ベーコンは1cm幅に切ります。
❸フライパンに油を熱し、ベーコンをいためます。脂が出てきたら、①をいためます。塩、こしょうで調味します。
❹できたてを盛りつけてバターをのせ、しょうゆを数滴落とします。

たけのこと油揚げの 木の芽焼き
木の芽じょうゆが焼ける香りに、食欲がそそられます

献立例⇨さしみ、ふきの炊きこみごはん(p.84)、すまし汁

■材料2人分
- ゆでたけのこ………………80g
- 油揚げ……………………2枚
- (飾り用)木の芽………4～5枚

<木の芽じょうゆ>
- 木の芽……………………10枚
- だし………………………大さじ2
- みりん……………………大さじ1
- うすくちしょうゆ…大さじ1
- 酒…………………………大さじ½

たけのこ
15分
1人分・126kcal

■作り方
❶油揚げは熱湯をかけて油を抜きます。
❷たけのこは、3mm厚さのくし形や半月切りにします。
❸木の芽10枚をあらくきざみ、木の芽じょうゆの材料を合わせます。これに①、②を5分ほどつけます。
❹フライパンを熱し(油なし)、中火で③を焼いて、焼き色をつけます。油揚げはひと口大に切ります。
❺盛りつけ、木の芽を飾ります。

たけのこのおかか煮

春の定番です。ザクザクッと切って煮るだけがうれしい

たけのこ
15分
1人分・77kcal

■作り方
① たけのこは、3cm大くらいの乱切りにします。穂先は4つ割りにします。
② 鍋に煮汁の材料、たけのこ、半量のけずりかつおを入れて火にかけます。弱めの中火にし、落としぶたと鍋のふたをして、煮汁がほとんどなくなるまで約10分煮ます。
③ 盛りつけて、残りのけずりかつおを散らし、木の芽をのせます。

献立例⇒新じゃがとひき肉のいためあえ(p.24)、うどの菜種あえ(p.52)、みそ汁

■材料2人分
ゆでたけのこ	200g	<煮汁>	
けずりかつお	5g	水	カップ1
(飾り用)木の芽	少々	みりん	大さじ2
		しょうゆ	大さじ1

若竹の梅椀

梅のほのかな香りと酸味であらっ? 小さな楽しみです

たけのこ
6分
1人分・11kcal

■作り方
① 穂先を4つ割りにします。
② わかめは洗い、熱湯にさっと通して、2〜3cm長さに切ります。
③ 梅干しは果肉を半分にちぎります。
④ 鍋にだしを温め、たけのこを入れて1〜2分弱火で煮ます。わかめ、梅干しの果肉、しょうゆを加え、味をみて塩を加えます。

＊わかめの色が悪くなりやすいので、なるべく食べる直前に作ります。

献立例⇒さわらのしょうが焼き(p.31)、新じゃがの煮もの、浅漬け

■材料2人分
ゆでたけのこの穂先	5〜6cm(40g)	だし	カップ1½
わかめ(塩蔵)	10g	しょうゆ	小さじ1
梅干し	小1個(10g)	塩	少々

野菜がメインのおかず

ふきのからし酢みそかけ
シンプルにシャキシャキと春の味覚をめしあがれ

献立例⇒めばるの煮つけ紹興酒風味(p.30)、五目豆、みそ汁

■材料2人分
- ふき（下ゆでしたもの）…100g
- わかめ（塩蔵）…15g

<酢みそ>
- 白みそ…大さじ2
- 酢…大さじ1½
- 砂糖…小さじ1
- 練りがらし…小さじ⅓

ふき
5分
1人分・58kcal

■作り方

❶わかめは洗い、熱湯にさっと通して水気をきります。

❷ふきは4cm長さに切り、わかめはひと口大に切ります。器に盛ります。

❸酢みその材料を混ぜて、かけます。

＊ふきの下ゆでの方法
ふきはアクが強いので、ゆでてから使います。
①ふきは鍋に入る長さに切ります。まな板の上で、塩（ふき200gに対して塩小さじ1）をふり、ごろごろころがします（板ずり）。
②鍋にたっぷりの湯をわかし、①を入れて2～3分ゆでます。水にとって皮を手で引いてむきます（ゆでたふきは水につけ、冷蔵で2～3日もちます。水は毎日とりかえます）。

ふきとほたてのマヨネーズサラダ
ほたてで、うま味とボリュームが加わります

献立例⇒とり肉の焼きびたしおろしぽん酢(p.8)、うの花いり、みそ汁

■材料2人分
- ふき（下ゆでしたもの）…100g
- しいたけ…2個
- ほたて貝柱（生食用）…2個（70g）
- サラダ油…小さじ1
- マヨネーズ…大さじ2½
- しょうゆ…小さじ½

ふき
10分
1人分・160kcal

■作り方

❶しいたけは軸をとります。フライパンに油を熱し、ほたて、しいたけを一緒に中火で焼きます。両面に軽く焼き色がついたら、とり出します。

❷ふきは5mm幅の斜め切りに、しいたけは細切りにします。ほたては5～6つにさきます。

❸ボールにマヨネーズ、しょうゆを合わせ、❷をあえます。

新ごぼうのかき揚げ

ごぼうは油と相性がよく、旬の味を楽しめます

新ごぼう
15分
1人分・162kcal

■作り方
① 新ごぼうはたわしで洗い、皮つきのまま5cm長さの斜め薄切り、または大きめのささがきにします。水に2～3分さらし、水気をよくきります。
② ボールに衣の水を入れ、小麦粉をざっと混ぜます。
③ 揚げ油を低めの温度（150～160℃）に熱します。ごぼうに衣をつけ、ひとかたまりずつ、油に入れます。1～2分揚げ、カリッとしてきたらとり出します。
④ 盛りつけて、さんしょう塩を添えます。

献立例⇒さよりのお造り(p.29)、だし巻き卵、すまし汁

■材料2人分
新ごぼう……………1本（80g）
揚げ油………………適量
＜衣＞
　水………………大さじ4
　小麦粉…………大さじ4
＜さんしょう塩＞
　粉ざんしょう・塩……各少々

新ごぼうとみつばのごま酢あえ

新ごぼうのやさしい味と歯ざわりをそのまま味わえます

新ごぼう
10分
1人分・57kcal

■作り方
① 新ごぼうはたわしで洗い、皮つきのまま4cm長さのささがきにします。水に2～3分さらし、水気をきります。
② みつばは葉先を摘み、茎は3cm長さに切ります。
③ 湯をわかし、みつばの茎をさっと通してとり出し、続いて、ごぼうを1分ほどゆでます。一緒に水気をよくきります。
④ ごま酢の材料を混ぜ、③、みつばの葉をあえます。

献立例⇒とり肉の木の芽焼き(p.5)、きゃらぶき、すまし汁

■材料2人分
新ごぼう……………1本（80g）
みつば………………½束（15g）
＜ごま酢＞
　すりごま（白）………大さじ2
　砂糖………………小さじ½
　酢…………………大さじ½
　しょうゆ…………大さじ½
　だし………………大さじ½

野菜がメインのおかず

キャベツとあさりの酒蒸し

一緒に蒸し煮にするだけ。キャベツの自然な甘味と貝が合う

献立例⇒たけのこ入りつくねの小判焼き(p.24)、うどの酢みそ、みそ汁

キャベツ
10分
1人分・82kcal

■材料2人分
- あさり（殻つき・砂抜き）……250g
- 春キャベツ……250g
- さやえんどう……20g
- A「にんにく……小1片(5g)
- 　 しょうが……小1かけ(5g)
- サラダ油……大さじ½
- 酒……大さじ2
- しょうゆ……小さじ1

＊あさりの砂抜きの方法→p.41

■作り方
❶あさりは殻をこすり合わせてよく洗います。
❷キャベツは1.5cm幅のざく切りにします。さやえんどうは筋をとり、斜め半分に切ります。
❸Aは薄切りにします。
❹フライパン（大）に油を熱し、弱めの中火でAをいためます。香りが出てきたら①、②を加え、強火でさっといためます。酒をふって、ふたをします。
❺弱火にし、3～4分蒸し煮にします。あさりの口が開いたら、しょうゆを加えて火を止めます。

春キャベツの香味あえ

時間があれば、冷やすと、より味がなじんでおいしい

献立例⇒とり肉のピリ辛から揚げ(p.6)、スープ

キャベツ
15分
1人分・93kcal

■材料2人分
- 春キャベツ……200g
- 塩……小さじ⅔
- しょうが……小1かけ(5g)
- きくらげ（乾燥）……3g
- 赤とうがらし……小½本
- ごま油……大さじ1
- 砂糖……小さじ1
- 酢……大さじ2

■作り方
❶キャベツは3～4cm角に切ります。ボールに入れて塩をふり、10分ほどおきます。
❷きくらげはぬるま湯に5分ほどつけてもどし、熱湯で2～3分ゆでます。大きければ2～3つに切ります。
❸しょうがはせん切りに、とうがらしは種をとります。
❹キャベツの水気をしぼってボールにもどし、②、しょうがを加えます。
❺小鍋に、ごま油、赤とうがらしを入れて火にかけ、熱くなったら、砂糖、酢を加えます。熱々を④にかけてあえます。

春キャベツとソーセージのマスタードあえ

キャベツとウィンナーは一緒にゆでられます

キャベツ
8分
1人分・145kcal

■作り方
❶キャベツは3〜4cm角に切ります。ウィンナーはそれぞれ斜めに3つに切ります。
❷湯をわかし、ウィンナーを1分ほどゆでます。キャベツも加え、キャベツがかためにゆでたら、ざるにあけます。
❸ボールにAを合わせ、あえます。

献立例⇒さわらのソテーミニトマトソース(p.31)、スープ

■材料2人分
春キャベツ ……………… 200g
ウィンナーソーセージ …… 4本
A ┌粒マスタード ……… 大さじ1
　│酢 ………………… 大さじ1
　└しょうゆ ………… 大さじ1

クレソンと新たまねぎのサラダ

ホットドレッシングで少ししんなりしたところが美味

クレソン
10分
1人分・168kcal

■作り方
❶クレソンは4cm長さに切ります。たまねぎは薄切りにし、水にさらして水気をきります。器に盛り合わせます。
❷ベーコンは1cm幅に切ります。フライパンでベーコンをカリカリにいため(油なし)、とり出します。①に散らします。
❸続いてフライパンにドレッシングの材料を入れて熱し、熱々を①にかけます。

献立例⇒とり肉と新じゃがのごま煮(p.5)、うどの皮のきんぴら(p.53)、みそ汁

■材料2人分
クレソン ………… 大1束(50g)
新たまねぎ ……………… 50g
ベーコン ………………… 1枚

＜ドレッシング＞
ワインビネガー(白) …大さじ2
砂糖 ………………… 小さじ1
塩・こしょう ……… 各少々
オリーブ油 ………… 大さじ2

野菜がメインのおかず

新じゃがとえびの揚げびたし

はじめから油に入れるワザあり料理。揚がった順につゆにつけます

じゃがいも
17分
1人分・194kcal

献立例⇒新ごぼうとみつばのごま酢あえ（p.59）、浅漬け、みそ汁

■材料2人分
新じゃがいも ……… 4～5個（200g）
グリーンアスパラガス …6本（120g）
甘えび（頭つき）……………6尾
揚げ油 …………………… 適量

＜つゆ＞
だし ……………… カップ1/2
しょうゆ ……………… 大さじ2
みりん ……………… 大さじ1
酢 ……………… 小さじ1/2

■作り方
❶新じゃがはたわしでよく洗います。アスパラは根元を落とし、長さを2～3に切ります。
❷大きめのボールにつゆの材料を合わせます。
❸揚げ鍋に①と、材料がかくれる程度の油を入れ、強火にかけます。
❹時々箸でいもをころがしながら熱します。アスパラが色よく揚がったらつゆへ。えびの水気をふいて油に加え、色鮮やかになったらとり出し、つゆへ（油が高温になったら中火にします）。
❺10分ほどしたら、いもに竹串を刺してみます。火が通っていればとり出し、つゆにつけます。

新じゃがの めんたいマヨネーズかけ

新じゃがらしさあふれる小粒を使って

じゃがいも
15分
1人分・135kcal

■作り方
❶ 新じゃがはよく洗います。鍋に丸ごとのいもと、いもがひたるくらいの水を入れて火にかけます。ふたをして、約10分ゆでます。
❷ めんたいこは薄皮をとって中身をとり出し、マヨネーズ、酢と混ぜます。
❸ いもに竹串を刺してらくに通るくらいにゆだっていたら、ざるにとり、熱いうちに皮をむきます。半分に切ります。
❹ いもを盛りつけ、②をかけます。ねぎを散らします。

献立例⇒牛肉と新ごぼうの柳川(p.17)、青菜のおひたし、みそ汁

■材料2人分
新じゃがいも（直径約3cmの小粒）
　　　　　　　　…………200g
万能ねぎ（小口切り）………1本

＜めんたいマヨネーズ＞
からしめんたいこ…½腹（40g）
マヨネーズ…………大さじ1
酢（またはレモン汁）…小さじ1

じゃが梅いため

じゃがいものシャキシャキしたところがおいしい

じゃがいも
10分
1人分・167kcal

■作り方
❶ じゃがいもは皮をむき、2mm角くらいの細切りにします。水に2〜3分さらし、水気をきります。
❷ 梅干しは果肉を包丁で細かくたたき、Aを合わせます。
❸ フライパンに油を熱し、じゃがいもを強火でいためます。油がなじんだら、Aを加え、汁気がなくなったら、味をみて塩をふり、こしょうをたっぷりかけて火を止めます。

献立例⇒とり手羽中とたけのこのみそ煮(p.4)、浅漬け、みそ汁

■材料2人分
じゃがいも……………200g
(飾り用)しその葉………少々

A ┌ 梅干し…………2個（30g）
　├ 酒………………大さじ2
　└ スープの素………小さじ¼
塩・こしょう…………各少々
サラダ油………………大さじ1½

野菜がメインのおかず

新じゃがとグリーンピースのスープ煮

春の野菜をスープで煮合わせました。やさしい味

献立例⇒ヒレ肉と春キャベツのクリーム煮(p.11)、スープ

■材料2人分
- 新じゃがいも……250g
- グリーンピース(青豆)……正味100g
- ベーコン……1枚
- 水……カップ1
- 固形スープの素……1/2個
- ローリエ……1枚
- 塩・こしょう……各少々

＊さやつき青豆なら約200gです。

じゃがいも
17分
1人分・175kcal

■作り方

❶じゃがいもは皮をむき、大きいものは半分に切って水にさらします。ベーコンは1cm幅に切ります。

❷鍋に、じゃがいも、水カップ1を入れて火にかけます。沸とうしたらグリーンピース、ベーコン、スープの素、ローリエを入れ、ふたをして中火で約10分煮ます。

❸塩、こしょうで味をととのえ、汁気がほぼなくなったら、火を止めます。

青豆とほたてのスープ

おかずの1品になる個性的なスープです

献立例⇒たけのこの中華混ぜごはん(p.83)、サラダ

■材料2人分
- グリーンピース(青豆)……正味50g
- レタス……1枚(50g)
- ほたて水煮缶詰……小1/2缶(35g)
- 水……カップ2
- A「スープの素……小さじ1
-   酒……小さじ1/2
- 塩・こしょう……各少々
- しょうが汁……小さじ1/2

＊さやつき青豆なら約100gです。

グリーンピース
10分
1人分・48kcal

■作り方

❶鍋に2カップの湯をわかします。沸とうしたところにグリーンピースを入れ、弱火で7〜8分ゆでます。

❷レタスはひと口大にちぎります。

❸豆がやわらかくなったら、ほたてをあらくほぐして缶汁ごと鍋に加えます。Aも加えます。

❹レタスを加え、味をみて塩、こしょうで味をととのえます。しょうが汁を落とします。

青豆とえびのあんかけ

豆をあんでまとめます。卵どうふにかけて1品に

グリーンピース
13分
1人分・177kcal

■作り方
① えびは背わたをとり、約1cm角に切ります。
② 鍋にAを入れて火にかけます。煮立ったらグリーンピースを加え、弱火で5分ほど煮ます。えびを加え、さらに2～3分煮ます。
③ 豆がやわらかくなったら、水どきかたくり粉を加え、とろみがついたら火を止めます。しょうが汁を加えます。
④ 卵どうふを器に入れ、電子レンジ(500W)で約30秒加熱して温めます。③をかけます。

献立例⇨さわらのしょうが焼き(p.31)、ふきの煮もの、みそ汁

■材料2人分
グリーンピース(青豆)‥正味100g
むきえび ……………… 100g
卵どうふ(市販) ……… 2個
＊さやつき青豆なら約200gです。
＊むきえびが塩からい場合は、しょうゆを減らしてください。

A ┌ だし ………………… カップ1
　├ みりん …………… 小さじ1
　└ うすくちしょうゆ … 小さじ1
　┌ かたくり粉 ……… 小さじ1
　└ 水 ………………… 小さじ1
しょうが汁 ………… 小さじ½

スナップえんどうのヨーグルトマヨネーズ

シャリプチッの歯ざわりを楽しめます

スナップえんどう
8分
1人分・73kcal

■作り方
① スナップえんどうは筋をとり、熱湯で1分ほどゆでて、ざるにとります。
② えんどうは斜め半分に切り、トマトは半分に切ります。
③ ボールにヨーグルトマヨネーズの材料を合わせ、①、②をあえます。

献立例⇨豚肉のごましそピカタ(p.10)、ピクルス、スープ

■材料2人分
スナップえんどう ……… 100g
ミニトマト …………… 4個

＜ヨーグルトマヨネーズ＞
プレーンヨーグルト … 大さじ1
マヨネーズ ………… 大さじ1
塩・こしょう ……… 各少々

野菜がメインのおかず

新たまねぎのサラダ アンチョビソース

アンチョビの塩味で、たっぷり食べられます

献立例⇨いかのわたいため南欧風(p.35)、スープ

新たまねぎ
10分
1人分・144kcal

■材料2人分
- 新たまねぎ……小½個(80g)
- ミニトマト……………8個
- モッツァレラチーズ……50g
- 塩・こしょう………各少々

＜アンチョビソース＞
- アンチョビ(フィレ)……2枚
- バルサミコ酢(または酢)…小さじ1
- 塩・こしょう………各少々
- オリーブ油…………小さじ2

＊チーズの種類はお好みで。

■作り方
❶たまねぎは薄切りにし、水に5分ほどさらして水気をきります。トマトは半分に切ります。
❷モッツァレラチーズはトマトくらいの大きさに切り、塩、こしょうをふっておきます。
❸アンチョビはあらみじんに切ります。ほかのソースの材料を混ぜてから、アンチョビを加えます。
❹①、②を盛りつけて、ソースをかけます。

新たまねぎといかくんの酢じょうゆ

新たまねぎは、生でそのまま食べるのがなにより美味。春から夏にかけて

献立例⇨とり肉と新じゃがのごま煮(p.5)、きんぴらごぼう、みそ汁

新たまねぎ
10分
1人分・42kcal

■材料2人分
- 新たまねぎ………½個(100g)
- しその葉……………2枚
- いかのくんせい…………20g

＜酢じょうゆ＞
- 酢………………小さじ2
- しょうゆ……………小さじ1

■作り方
❶たまねぎは薄切りにし、水に5分ほどさらして水気をきります。しそは細切りにし、水にさっとさらして水気をきります。
❷いかくんは3cm長さくらいに切ります。
❸ボールに酢じょうゆを合わせ、①、②をあえます。

そら豆の直煮

下ゆでしないので"じか煮"。豆の皮ごと食べられます

そら豆
15分
1人分・155kcal

■作り方
❶そら豆は爪の部分に包丁の刃元を入れて、爪部分の皮をはぎとります。
❷鍋に、煮汁の材料、豆を入れて火にかけます。沸とうしたら弱火にし、ふたをして約10分煮ます。
❸煮汁が少し残るくらいで火を止め、そのまま少しおいて味を含ませます。

献立例⇨かつおの変わりたたき(p.36)、じゃが梅いため(p.63)、みそ汁

■材料2人分
そら豆(さやなし) ……… 250g
＊さやつきそら豆なら約500gです。

＜煮汁＞
水 ………………… カップ½
砂糖 ……………… 大さじ1
しょうゆ ………… 大さじ1弱

オクラの梅あえ

夏野菜の緑が鮮やかに映えるひと品です

オクラ
6分
1人分・20kcal

■作り方
❶オクラは塩をまぶしてこすり、洗います。熱湯でゆで、斜め半分に切ります。
❷梅干しは果肉を包丁でたたき、Aを混ぜます。
❸オクラを②であえて盛り、のりを細かくちぎってのせます。

献立例⇨豚肉の竜田揚げ(p.13)、かぼちゃの煮もの、みそ汁

■材料2人分
オクラ …………… 1袋(100g)
　塩 ……………… 小さじ½
梅干し …………… 大1個(20g)

A ┌ だし …………… 大さじ1½
　│ うすくちしょうゆ … 大さじ½
　└ 砂糖 …………… 少々
焼きのり ………… ¼枚

凍りトマトのマリネ

皮がつるりとむけるから、かんたん、楽しい

野菜がメインのおかず

献立例⇒ステーキ肉のサラダ（p.20）、スープ

■材料2人分
- ミニトマト……1パック（200g）
- （飾り用）バジルの葉……少々

＜マリネ液＞
- 酢……………………大さじ2
- 水……………………大さじ2
- 砂糖…………………小さじ½
- 塩……………………小さじ⅓
- オリーブ油…………大さじ½

トマト
12分（冷凍時間は除く）
1人分・46kcal

■作り方

＜前日＞ミニトマトは丸ごと冷凍しておきます。

❶マリネ液の材料を混ぜます。

❷凍ったトマトを水につけると、皮がツルリとむけます。へたもとります。

❸マリネ液につけて10分ほどおきます。凍ったトマトがとけかかり、冷たいうちに食べます。

＊マリネ液につけて長くおくと、トマトによっては、形がくずれて水分が出てくる場合があります。

トマトときゅうりのじゃこサラダ

香ばしいじゃこをたして、夏の生野菜をおいしく食べます

献立例⇒牛肉としししとうのいためもの（p.21）、厚揚げの煮もの、すまし汁

■材料2人分
- トマト……………1個（200g）
- きゅうり……………………1本
- ちりめんじゃこ…大さじ4（20g）
- ごま油………………小さじ1
- しょうが（みじん切り）……小1かけ（5g）
- しょうゆ……………………小さじ1

トマト
5分
1人分・80kcal

■作り方

❶じゃことごま油を混ぜ、皿にのせたペーパータオルの上に広げます。ラップなしで、電子レンジ（500W）で約1分加熱し、1度混ぜて、さらに1分加熱します。

❷トマトは大きめの乱切りにします。きゅうりは皮をしま目にむいて、乱切りにし、ボールに合わせます。

❸②にしょうが、しょうゆをふってあえます。器に盛って、じゃこをのせます。

トマトの卵スープ

セロリをさっといためるから、ぐんとおいしくなります

トマト
10分
1人分・86kcal

■作り方
① トマトは6つくらいのくし形に切ります。セロリは皮むき器で筋をとり、斜め薄切りにします。
② 卵は割りほぐします。
③ 鍋に油を熱して、セロリを軽くいため、Aを加えます。
④ 沸とうしたらトマトを加え、再び煮立ってきたら卵を糸状に流し入れます。卵が浮いてきたら火を止めます。

献立例⇨いかと野沢菜のいためもの(p.35)、しゅうまい

■材料2人分
- トマト ……… ½個(100g)
- セロリ ……… ½本(50g)
- 卵 ……… 1個
- サラダ油 ……… 大さじ½

A:
- 水 ……… カップ1½
- スープの素 ……… 小さじ1
- 塩 ……… 小さじ¼
- 酒 ……… 大さじ½
- こしょう ……… 少々

トマトのかんてんドレッシング

ドレッシングをゼリー状に。かんてんならすぐ固まります

トマト
15分
1人分・86kcal

■作り方
① 小鍋に、水とかんてんを混ぜて中火にかけます。沸とうしたら弱火にし、1分ほど煮ます。火を止めて、ドレッシングを混ぜ、ボールやトレーに流します。氷水にあてるなどして冷やし、固めます(金属製のトレーに薄く流せば、早く固まります)。
② オクラは、熱湯で色よくゆで、小口切りにします。トマトはひと口大の乱切りにします。時間があれば、合わせて冷やします。
③ ①をフォークでくずし、②にのせます。

献立例⇨あじのソテー香味野菜のせ(p.42)、肉じゃが、みそ汁

■材料2人分
- トマト ……… 1個(200g)
- オクラ ……… 5本
- 水 ……… カップ½
- 粉かんてん ……… 小さじ½(1g)
- 好みのドレッシング ……… 大さじ2

＊写真のドレッシングは、〈酢大さじ½　しょうゆ小さじ1　塩・砂糖・こしょう各少々　サラダ油大さじ1〉を混ぜたものです。

きゅうりと干しえびの辛味いため

野菜がメインのおかず

干しえびのうま味が加わった、歯ごたえのいいおかず

献立例⇒高菜入り肉だんごのレンジ蒸し(p.25)、サラダ、スープ

■材料2人分

きゅうり……………………2本	砂糖………………大さじ1
塩……………小さじ½	酢…………………大さじ1
きくらげ(乾燥)……………2g	A しょうゆ……………大さじ½
干しえび……………………5g	干しえびのもどし汁……小さじ1
赤とうがらし………………1本	サラダ油………………大さじ1

きゅうり
15分
1人分・131kcal

■作り方

❶きくらげは適量の、干しえびは約大さじ2のぬるま湯につけ、10分ほどおいてもどします。それぞれ大きければ半分に切ります。

❷きゅうりは塩をふって、板ずりにします。洗い、4cm長さ、縦4つ割りに切ります。

❸赤とうがらしは種をとります。Aは合わせます。

❹フライパンに油を熱し、干しえび、赤とうがらしを中火でいためます。香りが出てきたら、きゅうり、きくらげ、Aを加え、強火でいためます。

うざく

うざく=うなぎの酢のもの。きゅうりの歯ざわりが格別です

献立例⇒豚肉の竜田揚げ(p.13)、ひじきの煮もの、みそ汁

■材料2人分

きゅうり……………………1本	<三杯酢>
塩……………小さじ¼	砂糖………………大さじ½
うなぎのかば焼き……½串(50g)	酢…………………大さじ1½
しその葉……………………4枚	だし………………大さじ½
しょうが………小1かけ(5g)	しょうゆ……………小さじ1

きゅうり
8分
1人分・91kcal

■作り方

❶きゅうりは薄い小口切りにし、塩をふって5分ほどおきます。しんなりしてきたら、水気をしぼります。

❷しそ、しょうがはせん切りにし、一緒に水にさらして、水気をきります。

❸うなぎは1cm幅に切ります。

❹ボールに三杯酢を合わせ、全部をあえます。

きゅうりのキムチ漬け

キムチに野菜をたして、サラダ感覚で

きゅうり
20分
1人分・30kcal

■作り方
❶きゅうりは斜め薄切りにします。かぶは縦半分に切ってから薄切りにします。ボールに合わせて塩をふり、5分ほどおきます。
❷キムチは大きければ、ざく切りにします。
❸①がしんなりしたら、水気をしぼります。キムチと一緒にポリ袋に入れ、もんで全体をなじませ、袋の口をとじます。
❹冷蔵庫に10分ほどおいて、味をなじませます。

献立例⇒とりレバーの酢じょうゆいため（p.9）、冷奴、すまし汁

■材料2人分
- きゅうり ……………………… 1本
- かぶ …………………………… 1個
- 塩 ……………………… 小さじ½
- はくさいキムチ ……………… 60g

きゅうりといかのイタリアンいため

いためる前に、きゅうりに塩をふっておくのが味をなじませるコツ

きゅうり
10分
1人分・110kcal

■作り方
❶きゅうりは約4cm長さの乱切りにし、塩をふって約5分おきます。
❷いかは格子状の切り目を入れ、きゅうりと同じ大きさに切ります。Aをふって下味をつけます。
❸にんにくはみじん切りにします。バジルはあらくきざみます。きゅうりの水気をきります。
❹フライパンにオリーブ油を弱めの中火で熱し、にんにくをいためます。香りが出てきたら、きゅうり、いかを強火で軽くいため、Bをふって調味します。バジルを加えてすぐ火を止めます。

献立例⇒トマトピラフ（p.87）、スープ

■材料2人分
- きゅうり ……………………… 1本
- 塩 ……………………… 小さじ¼
- いか（さしみ用、またはロールいか）… 80g
- A「白ワイン ………………… 小さじ1
   塩・こしょう ……………… 各少々
- にんにく ……………… 1片（10g）
- バジルの葉 …………………… 8枚
- オリーブ油 ………………… 大さじ1
- B「白ワイン ………………… 大さじ½
   塩・こしょう ……………… 各少々

野菜がメインのおかず

なすの油焼き しょうがじょうゆ

シンプルですが、なすを最高においしく食べる方法です

献立例⇨まぐろの網焼き(p.44)、もやしのごま酢あえ、みそ汁

なす 10分 1人分・273kcal

■材料2人分
- なす ……………… 3個(200g)
- しょうが ………… 1かけ(10g)
- けずりかつお …………… 5g
- オクラ …………………… 3本
- サラダ油 ………………… 適量
- しょうゆ ………………… 少々

■作り方

❶なすはへたをとり、縦半分に切ります。皮に格子の切り目を入れます。しょうがはすりおろします。

❷オクラは洗い、水気がついたままラップをして、電子レンジ(500W)に約30秒かけます。小口切りにします。

❸フライパンに底一面に流れるくらいの油を入れて熱し、なすを皮のほうから焼きます。裏も焼いて、しんなりしてきたら皿にとります。

❹オクラとけずりかつおを混ぜて添えます。なすにしょうがをのせ、しょうゆをかけます。

なすの田舎煮

だしの味を芯まで含ませます。噛むとジュワッ

献立例⇨あじのソテー香味野菜のせ(p.42)、冷やしトマト、みそ汁

なす 15分 1人分・62kcal

■材料2人分
- なす ……………… 4個(300g)
- しょうが ………… 1かけ(10g)
- ＜煮汁＞
- 水 ………………… カップ2
- 煮干し(小さいもの) …… 5g
- しょうゆ ………… 大さじ2
- みりん …………… 大さじ1½

■作り方

❶なすはへたを落とし、縦半分に切ります。斜めに細かく切りこみを入れます。水にさらし、水気をきります。

❷鍋に、煮汁の材料、なすを入れて火にかけます。落としぶたをして、中火で7〜8分煮ます。

❸やわらかく煮えたら火を止め、そのままさまして味を含ませます。

❹なすを盛りつけて汁をはります。しょうがをすりおろしてのせます。

なすのみそからし漬け

浅漬けにあきたら、これもどうぞ

なす 10分
1人分・52kcal

■作り方
① なすはへたをとり、縦に4つ割りにします。端から1.5cm幅に切ります。きゅうりも同じ大きさの乱切りにします。合わせて塩をふり、5分ほどおきます。水気が出たらしぼります。
② みょうがは小口切りにします。
③ ボールにみそ、からしを混ぜ、①、②をあえます。

献立例⇒とうふ入り和風ハンバーグ(p.23)、青菜のおひたし、すまし汁

■材料2人分
- なす……………2個(150g)
- きゅうり……………½本
- 塩……………小さじ½
- みょうが……………1個
- 白みそ……………大さじ1½
- 練りがらし……小さじ½〜1

香味野菜の即席漬け

夏の香味野菜がおいしい、日本の味です

なす 10分
1人分・44kcal

■作り方
① 器に土佐酢じょうゆの材料を合わせ、電子レンジ(500W)で約30秒加熱します(ラップなし)。
② なすは縦半分に切り、斜め5mm幅に切ります。きゅうりも同様に切ります。
③ みょうがは縦半分に切って薄切りに、しょうがはせん切りに、しそは軸をとって細切りにします。
④ ボールに野菜全部を合わせて、塩小さじ½(材料外)を混ぜます。5分ほどおいて、しんなりしたら水気をしぼります。
⑤ ①を茶こしでこします。野菜にかけて食べます。

献立例⇒牛肉と大葉の重ね焼き(p.19)、かぼちゃの煮もの、みそ汁

■材料2人分
- なす……………1個
- きゅうり……………1本
- みょうが……………2個
- しょうが……………1かけ(10g)
- しその葉……………2〜3枚

＜土佐酢じょうゆ＞
- こんぶ……………3cm
- けずりかつお……………1g
- しょうゆ……………大さじ1½
- みりん……………大さじ1
- 酢……………大さじ½

さやいんげんのさんしょういため

山盛りで売っている時期におすすめです

野菜がメインのおかず

さやいんげん
12分
1人分・127kcal

献立例⇨まぐろのアボカドソース(p.45)、肉じゃが、みそ汁

■材料2人分
- さやいんげん……200g
- 揚げ油……適量
- ねぎ……10cm
- 粒ざんしょう(乾燥)……小さじ1
- ごま油……大さじ1
- A「湯……大さじ2
-   しょうゆ……大さじ2

*粒ざんしょうは「花椒(ホワジャオ)」ともいい、中国のさんしょうの実を乾燥させたものです。中華香辛料として売っています。

■作り方

❶ねぎは長さを半分にして、輪を開き、芯を除いてせん切りにします。水にさらし、水気をきります。

❷いんげんは両端を落とします。

❸中華鍋に揚げ油を中温(約160℃)に熱して、いんげんを2〜3分揚げ、表面がしわになってきたらとり出します。鍋の油をあけます。

❹❸の鍋にごま油を弱火で温め、さんしょうの実をいためます。香りが出てきたら、Aを加えて強火にします。沸とうしたら、いんげんをもどし入れ、汁をからめて火を止めます。

❺盛りつけ、ねぎを飾ります。

さやいんげんのしょうがまぶし

しょうがでまぶすだけなのに、とてもおいしい

さやいんげん
8分
1人分・27kcal

献立例⇨うなぎどうふ(p.46)、みそ汁

■材料2人分
- さやいんげん……100g
- 塩……小さじ½
- しょうが……1かけ(10g)
- ちくわ……小1本
- A「塩……小さじ¼
-   こぶ茶……少々

■作り方

❶湯をわかして塩を入れ、いんげんをゆでます。

❷へたを落とし、3cm長さに切ってボールに入れます。

❸ちくわは縦半分にして斜め細切りに、しょうがはみじん切りにして、ボールに加えます。Aも加えて大きく混ぜます。

ゴーヤーの油みそ

にが味と油みその味がよく合います

ゴーヤー
12分
1人分・158kcal

■作り方
❶ゴーヤーは縦半分に切り、スプーンで種とわたをかき出します。薄切りにします。塩をふって5分ほどおいてから、水気を軽くしぼります。
❷豚肉は細切りにし、酒、塩をもみこみます。Aは合わせます。
❸フライパンにごま油を熱し、豚肉を強火でいためます。色が変わったら、ゴーヤーを加えて1〜2分いためます。Aを加えて全体にからめます。

献立例⇒まぐろの芽かぶあえ(p.45)、サラダ、みそ汁

■材料2人分
ゴーヤー(にがうり)‥½本(150g)	みそ……………大さじ1
塩……………小さじ¼	A 酒……………大さじ1
豚もも肉(薄切り)………100g	砂糖……………小さじ1
酒……………小さじ1	ごま油……………大さじ½
塩……………少々	

ゴーヤーとツナのサラダ

夏はゴーヤー。ビタミンCが豊富で、元気になりそう

ゴーヤー
10分
1人分・195kcal

■作り方
❶ゴーヤーは縦半分に切り、スプーンで種とわたをかき出します。薄切りにします。塩をふって5分ほどおいてから、熱湯で色よくゆでます。
❷たまねぎは薄切りにし、水にさらします。水気をしぼります。
❸ツナは油をきってボールに入れ、①、②も加えます。マヨネーズであえます。
❹盛りつけて、レモンを添え、しぼって食べます。

献立例⇒なすとひき肉のいため煮しそ風味(p.23)、冷奴、みそ汁

■材料2人分
ゴーヤー(にがうり)‥½本(150g)	マヨネーズ……………大さじ2½
塩……………小さじ¼	レモン(くし形に切る)……½個
たまねぎ……………¼個(50g)	
ツナ缶詰………小½缶(50g)	

野菜がメインのおかず

枝豆のかんたん白あえ

上品な懐かしい味です。枝豆のビタミンBで活力アップ

献立例⇒あゆの焼き漬け(p.39)、青菜のおひたし、みそ汁

■材料2人分
- もめんどうふ……½丁(150g)
- 枝豆(さやつき)…………200g
- 塩……………………小さじ¾

A
- 練りごま…………大さじ1½
- 砂糖・みりん……各大さじ½
- 酢…………………小さじ1
- うすくちしょうゆ…小さじ¼
- 塩……………………少々

枝豆
15分
1人分・217kcal

■作り方

❶枝豆は塩でもみ、そのまま熱湯で5分ほどゆでます。豆をとり出します。

❷とうふはペーパータオルに包んで電子レンジ(500W)で約2分加熱し、水気を出します。水気をきります。

❸ボールにAを混ぜ、とうふをほぐして加え、混ぜます。豆をあえます。

とうふと枝豆のオムレツ

夏の朝におすすめの卵料理。ゆで豆の残りで作れます

献立例⇒えびとピーマンのバジルいため(p.40)、スープ

■材料2人分
- 卵…………………………3個
- もめんどうふ……½丁(150g)
- 枝豆(さやつき)…………100g

A
- うすくちしょうゆ…小さじ1
- 塩・こしょう………各少々

- サラダ油……………大さじ1
- バター…………………10g

＜つけ合わせ＞
- ベビーリーフ………½パック

枝豆
15分
1人分・308kcal

■作り方

❶とうふはペーパータオルに包み、電子レンジ(500W)で約2分加熱して、水気を出します。水気をきって、あらくほぐします。

❷枝豆は熱湯で5分ほどゆで、豆をとり出します。

❸卵をほぐしてAを混ぜ、①、②をざっと混ぜます。

❹フライパンに油とバターを中火で熱し、バターが溶けはじめたら③を流し入れ、大きく混ぜます。半熟のうちにフライパンの片側に寄せ、火を止めます。

❺皿にフライパンの縁をあて、オムレツを返しながら皿にあけます。ベビーリーフを添えます。

枝豆と高菜のいため煮

ごはんにのせて。お茶漬けも合います

枝豆
15分
1人分・141kcal

■作り方
① 枝豆は熱湯で5分ほどゆで、豆をとり出します。
② 高菜漬けの水気をきり、あらみじんに切ります。
③ ねぎ、しょうがはみじん切りにします。
④ 鍋に油を中火で熱し、③をさっといためます。高菜、じゃこ、枝豆を加えて強火でいため、Aをからめます（味をみてしょうゆは加減します）。

献立例⇒ささみのくず打ち(p.7)、さつま揚げの甘から煮、すまし汁

■材料2人分
枝豆（さやつき）……100g	砂糖……小さじ1
高菜漬け……50g	A 酒……小さじ1
ちりめんじゃこ……大さじ3(15g)	しょうゆ……小さじ1
ねぎ……5cm	サラダ油……大さじ1
しょうが……小1かけ(5g)	

長いものずんだあえ

"ずんだ"は豆打（ずだ）がなまったなどの意味。宮城のふるさとの味です

枝豆
20分
1人分・91kcal

■作り方
① 小鍋にAを合わせ、ひと煮立ちさせて、少しさまします。
② 枝豆を塩でもみ、そのまま熱湯で5分ほどゆでます。豆をとり出し、薄皮もむきます。クッキングカッターにかけるか、すり鉢ですります。①を混ぜます。
③ 長いもは皮をむいて、縦4つ割りにします。ポリ袋に入れ、めん棒などでたたいて、あらくつぶします。
④ 長いもを②であえます。

献立例⇒小あじの南蛮漬け(p.43)、ぬか漬け、みそ汁

■材料2人分
長いも……150g	みりん……大さじ½
枝豆（さやつき）……100g	A 酒……小さじ1
塩……小さじ⅓	うすくちしょうゆ……小さじ½
	塩……小さじ⅛

野菜がメインのおかず

長いものモロヘイヤがけ
ヌルヌルが、夏を元気にしてくれそう

献立例⇒さやいんげんのひき肉はるさめ(p.22)、みそだれ冷奴(p.90)、すまし汁

■材料2人分
モロヘイヤ …………½袋(50g)
長いも ……………………120g
けずりかつお ………………2g
しょうゆ …………………小さじ2

モロヘイヤ
10分
1人分・53kcal

■作り方

❶長いもは4cm長さに切り、皮をむきます。

❷長いもをまな板に、円筒状に立て、形をくずさないように片手で押さえながら、縦横に5mm幅に切ります。器にそっと移して盛りつけます。

❸モロヘイヤは葉を摘み、熱湯でさっとゆでます。水にとって、水気をしぼり、包丁で細かくきざみます。けずりかつお半量と、しょうゆを混ぜます。

❹長いもに❸をかけ、けずりかつおをのせます。

モロヘイヤのおひたし
油揚げのうま味が加わって食べやすい

献立例⇒牛肉とトマトのいためもの(p.18)、ぬか漬け、みそ汁

■材料2人分
モロヘイヤ …………½袋(50g)
油揚げ ……………………1枚
だし ………………………小さじ2
しょうゆ ………小さじ1〜1½

モロヘイヤ
10分
1人分・61kcal

■作り方

❶モロヘイヤは葉を摘み、熱湯でさっとゆでます。水にとって、水気をしぼり、2cm幅に切ります。

❷油揚げは、グリルやオーブントースターで両面をこんがりと焼きます。縦半分に切ってから、細切りにします。

❸モロヘイヤをだし、しょうゆであえ、油揚げを混ぜます。

かぼちゃのえびマヨサラダ

かぼちゃはチンしてから切ると、切りやすい

かぼちゃ
10分
1人分・174kcal

■作り方

❶かぼちゃは種とわたをとり、さっと洗います。水気がついたままラップに包み、電子レンジ（500W）で2〜3分加熱します。少しさめてから、2cm角に切ります。

❷きゅうりは薄い小口切りにし、塩をふって5分ほどおきます。しんなりしたら水気をしぼります。

❸えびは背わたをとります。器に入れてAをふり、ラップをして電子レンジに40秒〜1分かけます。

❹ボールにBを合わせ、①、②、③をあえます。

献立例⇒なすといんげんのやわらか煮(p.12)、浅漬け、みそ汁

■材料2人分
- かぼちゃ　　　　　150g
- きゅうり　　　　　½本
-   塩　　　　　　　少々
- むきえび　　　　　60g
- A ┌ 酒　　　　　　小さじ1
　 └ 塩　　　　　　少々
- B ┌ マヨネーズ　　大さじ2
　 └ 練りがらし　　小さじ½

＊むきえびが塩からい場合は、Aの塩を省略してください。

かぼちゃとひじきの梅サラダ

焼きかぼちゃが香ばしく、ひじきも新鮮に食べられます

かぼちゃ
10分（ひじきのもどし時間は除く）
1人分・107kcal

■作り方

❶ひじきは水につけてもどします（20〜30分）。熱湯に入れ、再度煮立ったら、ざるにとります。熱いうちにしょうゆをまぶします。

❷かぼちゃは7〜8mm厚さのひと口大に切ります。アルミホイルにのせ、オーブントースターやグリルで焼いて火を通します。

❸しそは細切り、または細かく切ります。水にさっと通して水気をきります。

❹梅干しは果肉を包丁で細かくたたいてボールにとり、Aを混ぜます。①②をあえます。

❺盛りつけ、しそをのせます。

献立例⇒まぐろの網焼き(p.44)、そら豆の直煮(p.67)、すまし汁

■材料2人分
- かぼちゃ　　　　　150g
- ひじき（乾燥）　　15g
-   しょうゆ　　　　小さじ1
- A ┌ 梅干し　　　　1個（15g）
　 │ だし　　　　　大さじ2
　 └ オリーブ油　　大さじ½
- しその葉　　　　　4枚

新しょうがの甘から煮

ピリリとしたしょうゆ味。ごはんの友になります

野菜がメインのおかず

献立例⇒あゆのみぞれ野菜のせ(p.39)、なすの田舎煮(p.72)、みそ汁

■材料
新しょうが ……………… 100g
A ┌ 砂糖 ……………… 大さじ1⅓
　├ しょうゆ …………… 大さじ1⅓
　└ みりん …………… 小さじ1

新しょうが
15分
全量で・47kcal

■作り方

❶新しょうがはよく洗い、皮つきのまま繊維に直角になるように薄切りにします。

❷鍋にしょうがと、しょうがが見えるくらいの水を加えて火にかけます。1分ほど煮立てたら、ざるにあけて湯を捨てます。

❸鍋にしょうがをもどし、カップ½の水(材料外)と、Aを加え、火にかけます。中火で約10分、煮汁がなくなったらできあがりです。

みょうがいため

みょうがのピリピリがごはんによく合います。盛夏にぴったり

献立例⇒ささみのくず打ち(p.7)、枝豆のかんたん白あえ(p.76)、すまし汁

■材料
みょうが ……………… 5個(100g)
サラダ油 ……………… 小さじ1
A ┌ 酒 ………………… 大さじ1
　├ 砂糖 ……………… 小さじ1
　└ しょうゆ …………… 小さじ1

みょうが
5分
全量で・68kcal

■作り方

❶みょうがを縦に薄切りにします。

❷鍋に油を熱し、強火でみょうがをさっといためます。Aを加え、強火のまま、汁気がなくなるまでいため煮にします。

とうがんと干しえびのいため煮

とうがんは淡泊なので、味を煮含ませるとおいしい

とうがん
15分
1人分・109kcal

■作り方
❶干しえびは分量の湯に10分つけてもどし、あらく切ります。
❷えびのもどし汁は茶こしでこし、水をたして250mlにします。
❸とうがんは種とわたをとります。皮むき器で皮をむき、5cm長さ1cm幅の拍子木切りにします。
❹鍋にごま油を熱し、強火でとうがんをいためます。しんなりしてきたら、干しえびを加え、さっといためます。
❺続いて②とAを加え、沸とうしたら弱火にして3～4分煮ます。水どきかたくり粉を加えてとろみをつけます。

献立例⇒あじのソテー香味野菜のせ(p.42)、うにじゅんさい(p.81)、すまし汁

■材料2人分
とうがん……………400g	スープの素………小さじ½
［干しえび……大さじ1(8g)	A 酒………………大さじ1
ぬるま湯………カップ¼	塩…………………少々
ごま油……………大さじ1	［かたくり粉………小さじ1
	水………………小さじ1

うにじゅんさい

じゅんさいは汁ものや酢のものによく使います。夏に楽しむのどごし

じゅんさい
5分
1人分・55kcal

■作り方
❶じゅんさいはボールに入れて洗い(ゼリー状のものはついたままにします)、ざるにとります。熱湯にさっと通し、水気をきります。
❷長いもは皮をむき、1cm角に切ります。
❸Aを合わせます。
❹①、②を盛り、うにをのせます。わさびを添え、Aをはります。

献立例⇒かんたん和風焼き肉(p.19)、かぼちゃとひじきの梅サラダ(p.79)、みそ汁

■材料2人分
生うに………………30g	［だし………………大さじ2
じゅんさい(水煮)……50g	A みりん・酢………各大さじ1
長いも………………100g	［うすくちしょうゆ…小さじ1
練りわさび……………少々	

＊じゅんさいは水草の若芽。まわりにゼリー状のものがついてます。これが厚く、芽の小さいものがよいものです。

ごはんもの・めん類

ふきのとう
10分（ふきみそは17分）
1個・178kcal

ふきみその焼きおにぎり

ほろにがい味が早春の味。みそはごはんにのせても

献立例⇒ほたるいかとさといもの煮もの（p.33）、こごみのくるみあえ（p.50）、すまし汁

■材料
<ふきみそ・約100g分>
- ふきのとう …………… 3個
- A［みそ …………… 80g
-   砂糖 …………… 大さじ4
-   酒 …………… 大さじ2
-   みりん …………… 大さじ1½］

（ふきみそ全量で343kcal）

<ふきみその焼きおにぎり・4個分>
- ごはん ………… 2ぜん（300g）
- ふきみそ … 大さじ4（約60g）

■作り方　<ふきみそ>❶ふきのとうは洗い、汚れている部分を除きます。❷熱湯で2〜3分ゆで、水にとって10分ほどさらし、アクを抜きます（えぐ味が強い場合は長くさらす）。丸ごと細かくきざんで水気をしぼります。❸小鍋にAを合わせ、弱火にかけます。1〜2分練ります。②を混ぜて火を止めます。
<ふきみその焼きおにぎり>
❶温かいごはんを4等分し、おにぎりをにぎります。
❷オーブントースターや焼き網で焼きます。焼き色がついてきたら1度とり出して、片面にふきみそをつけ、さっとあぶります。

桜しらすごはん
見るからに春を感じます

桜の塩漬け
12分
1人分・317kcal

■作り方

❶桜の花の塩漬けは洗い、水に5分ほどつけて、ほどよく塩を抜きます。

❷①の水気をしぼります。飾り用に2〜4個残し、ほかは細かくきざみます。

❸しらす干しは熱湯をかけます。

❹卵をときほぐし、Aを混ぜます。小鍋に入れて(油なし)中火にかけ、混ぜながらいり卵を作ります。

❺温かいごはんに全部を混ぜます。茶碗に盛って桜を飾ります。

献立例⇨たいの紙包み焼き(p.26)、ふきの青煮、すまし汁

■材料2人分
ごはん	2ぜん(300g)
桜の花の塩漬け	15個
しらす干し	30g
卵	1個

A
酒	小さじ1
砂糖	小さじ1
塩	少々

たけのこの中華混ぜごはん
いためた具を混ぜるだけ

たけのこ
10分
1人分・461kcal

■作り方

❶たけのこは3〜4mm厚さのいちょう切りにします。チンゲンサイは3〜4cm長さに切り、葉元のほうは2cm幅に切ります。豚肉は3〜4cm長さに切ります。

❷フライパンにAを熱し、肉、チンゲンサイの葉元、葉先の順に加えていためます。Bを加え、味をよくからめます。

❸温かいごはんに②を混ぜます。

献立例⇨小いかとスナップえんどうの煮もの(p.33)、浅漬け、スープ

■材料2人分
ごはん	2ぜん(300g)
豚薄切り肉(肩ロースまたはばら肉)	70g
ゆでたけのこ	100g
チンゲンサイ	1株(120g)

A
サラダ油	大さじ1
ごま油	大さじ½

B
オイスターソース	小さじ1
酒	大さじ1
しょうゆ	大さじ1
塩・こしょう	各少々

ごはんもの・めん類

ふきの炊きこみごはん

独特の味と歯ごたえは季節ならでは

献立例⇨白魚の卵とじ(p.28)、たけのこと油揚げの木の芽焼き(p.56)、すまし汁

■材料4人分
米 …米用カップ2(360㎖・300ｇ)
　(ふきと油揚げの煮汁＋だし＝360㎖)
ふき(下ゆでしたもの)…150ｇ
油揚げ………………………1枚

A ┌ だし……………………100㎖
　│ 酒………………………大さじ2
　│ しょうゆ………………大さじ1
　│ みりん…………………大さじ½
　└ 塩………………………小さじ⅓

＊ふきの下ゆでの方法→p.58

ふき
7分(浸水・炊飯時間は除く)
1人分・306kcal

■作り方
❶米は洗い、たっぷりの水に30分以上つけます。
❷ゆでたふきを1㎝長さに切ります。油揚げは熱湯をかけて油抜きし、縦半分に切ってから5㎜幅に切ります。
❸鍋に、ふき、油揚げ、Aを入れて、2～3分煮ます。具と煮汁に分け、煮汁はだしをたして360㎖にします。
❹米の水気をよくきって、③の汁を加え、ごはんをふつうに炊きます。
❺炊きあがったら、③の具を混ぜます。

まぐろのづけ丼

湯引きしてから汁につけると、上品に味がしみこみます

献立例⇨牛肉とトマトのいためもの(p.18)、ひじきの煮もの、すまし汁

■材料2人分
ごはん…………………400ｇ
まぐろ(さしみ用さく)…200ｇ
練りわさび……………小さじ¼
焼きのり………………¼枚
しその葉………………4枚

＜つけ汁＞
しょうゆ………………大さじ2
みりん…………………大さじ½～1

まぐろ
5分(つけおき時間は除く)
1人分・474kcal

■作り方
❶トレーにつけ汁を合わせます。氷水を用意します。
❷まぐろを熱湯に入れ、5秒ほどで氷水にとり出し、ペーパータオルで水気をとります(湯引き)。
❸つけ汁にまぐろをつけ、30分～1時間おきます。
❹のりは細切りにします。まぐろを7～8㎜厚さに切ります。
❺温かいごはんに、まぐろ、しそ、のりをのせ、わさびを添えます。つけ汁を好みでかけます。

ほたての梅炊きごはん

下ごしらえはアッという間に完了。うま味自慢です

梅干し
5分（浸水・炊飯時間は除く）
1人分・304kcal

■作り方
❶米は洗い、水気をきります。ほたての缶汁と水を合わせて430mlにして米をつけ、こんぶを加えて、30分以上おきます。
❷しょうがはせん切りにし、梅干しは種をとって、小さくほぐします。
❸①に、②、ほたて、Aを加え、ごはんをふつうに炊きます。
❹しそは軸をとって細切りにし、水にさらして水気をきります。炊きあがったごはんにのせ、混ぜて食べます。

献立例⇨かつおの変わりたたき（p.36）、たぬき奴（p.90）、すまし汁

■材料4人分
米 …米用カップ2（360ml・300g）
　（ほたての缶汁＋水＝430ml）
こんぶ……………………………5cm
ほたて水煮缶詰
　…大1缶（140g・缶汁を含む）
梅干し………………大1個（20g）
しょうが…………小1かけ（5g）
A｜酒………………………大さじ1
　｜しょうゆ………………小さじ1
　｜塩………………………小さじ½
しその葉………………………10枚

ひじき入り梅しそチャーハン

ひじきで鉄分補給。梅しそ味は夏にうれしい

梅干し
15分（ひじきのもどし時間は除く）
1人分・398kcal

■作り方
❶ひじきはたっぷりの水に約20分つけて、やわらかくもどし、水気をきります。長い場合は食べやすく切ります。
❷しそは軸をとって細切りにし、水にさらして水気をきります。梅干しは果肉を包丁で細かくたたきます。
❸フライパン（大）に油を強火で熱し、じゃこ、ひじきをいためます。ごはんを加えていため、梅干しの果肉、塩、こしょうを加えて調味します。
❹盛りつけて、しそをのせます。

献立例⇨いかと蒸しなすのエスニックサラダ（p.34）、スープ

■材料2人分
ごはん……………2ぜん（300g）
ひじき（乾燥）……………………8g
ちりめんじゃこ…………………10g
梅干し………………大1個（20g）
しその葉………………………10枚
サラダ油………………………大さじ2
塩・こしょう……………………各少々

そら豆のフェトチーネ

そら豆 20分
1人分・613kcal

パスタと豆を一緒にゆでるので、ひと手間省けます

■材料2人分		
フェトチーネ	4～5玉(120g)	
そら豆(さやなし)	100g	
たまねぎ	¼個(50g)	
えび	8尾(160g)	
バター	20g	
A[白ワイン	50ml	
生クリーム	100ml	
塩	小さじ⅙	
こしょう	少々	

＊フェトチーネはきしめんのような平たいパスタ。
＊さやつきそら豆なら約200gです。

■作り方

❶約1.5ℓの湯をわかします。

❷そら豆は、豆の皮をむきます。

❸熱湯に塩大さじ½(材料外)を加え、フェトチーネを表示の時間ゆでます。ゆであがる1～2分前に豆を加えてゆで、一緒にざるにとります。

❹たまねぎは薄切りにします。えびは殻をむき、背側に切り目を入れて開き、背わたをとります。

❺フライパンにバターを溶かし、たまねぎを中火でいためます。すき通ってきたら、えびを加えてさっといため、Aを加えます。

❻とろみが出てきたら、塩、こしょうで調味し、❸を加えて手早くあえ、皿にとります。

献立例⇒きゅうりといかのイタリアンいため(p.71)、サラダ、スープ

ごはんもの・めん類

トマトの冷製パスタ

完熟トマトの酸味で、夏にさっぱり食べられます

トマト
15分
1人分・465kcal

■作り方
❶約1.5ℓの湯をわかします。
❷ボールにAを合わせます。トマトはへたにフォークを刺して火であぶり、皮がはじけたら冷水にとって、皮をむきます。1cm角に切ってAに加え、冷蔵庫に入れておきます。
❸熱湯に塩小さじ2(材料外)を加え、パスタを表示より30秒くらい長くゆでます。水にとって洗い、さらに氷水につけて、すぐざるにとります。
❹パスタを②であえます。バジルをちぎって散らし、チーズをのせます。

献立例⇒えびとピーマンのバジルいため(p.40)、スープ

■材料2人分
- 細いパスタ(バミセリなど) ……160g
- バジルの葉 …………………1枝分
  (またはしその葉5枚)
- カッテージチーズ …………60g
- トマト(完熟)……2個(400g)

A
- にんにく(みじん切り)……小1片(5g)
- レモン汁 …………大さじ½
- 塩 …………………小さじ⅓
- こしょう ……………少々
- オリーブ油 ………大さじ1½

トマトピラフ

生トマトの水分も利用して炊く、シンプルな炊きこみごはんです

トマト
5分(浸水・炊飯時間は除く)
1人分・289kcal

■作り方
❶米は洗い、分量の水につけて30分以上おきます。
❷トマトのへたをとって2cm角に切ります。ボールにとり、汁気も捨てないようにします。
❸①に、②とAを加え、ふつうに炊きます。
❹器に盛り、パセリを散らします。

献立例⇒ゴーヤーのチーズ入り卵いため(p.14)、ピクルス、スープ

■材料4人分
- 米 …米用カップ2(360㎖・300g)
- 水 ……………………………200㎖
- トマト ……………………300g

*トマトはごはんを炊く水分にもなるので、重量をはかって使ってください。

A
- バター(あらく切る)……10g
- 酒・しょうゆ ……各大さじ1
- スープの素 ………小さじ2
- 塩 …………………小さじ½

パセリのみじん切り …大さじ2

ごはんもの・めん類

牛ごぼう丼

夏場のごぼうはまだやわらかいので、たっぷりと

新ごぼう
13分
1人分・689kcal

■作り方

❶ごぼうは皮をこそげ、ささがきにします。水にさらして、水気をきります。

❷Aは合わせます。牛肉は3cm幅に切ります。

❸鍋に油を弱火で温め、Aをいためます。香りが出てきたら、ごぼうを加えて強火でいためます。

❹油がなじんだら、牛肉を加えてさっといため、Bを加えて中火で、煮汁が少なくなるまで煮ます。

❺温かいごはんに、❹をのせ、甘酢しょうがをのせます。

献立例⇒青豆とほたてのスープ(p.64)、トマトときゅうりのじゃこサラダ(p.68)

■材料2人分
- ごはん……2ぜん強(350g)
- 牛ロース肉(薄切りまたは切り落とし) 150g
- ごぼう……100g
- 甘酢しょうがの細切り……少々
- サラダ油……大さじ½

A
- ねぎ(みじん切り)……¼本
- しょうが(みじん切り)……小1かけ(5g)
- 豆板醤(トーバンジャン)……小さじ½

B
- だし……カップ½
- 砂糖……大さじ½
- 酒・しょうゆ……各大さじ1

うなぎ入りオムライス

うなぎ混ぜごはんに、やわらかオムレツ。土用に

うなぎ
10分
1人分・612kcal

■作り方

❶うなぎは約1cm角に切ります。

❷ねぎを小口切りにします。温かいごはんに、うなぎのたれ、ねぎ、うなぎを順に混ぜます。2皿に盛ります。

❸卵を割りほぐし、酒、塩で調味します。

❹フライパンにバターを溶かし、1人分のオムレツを焼きます。中が半熟くらいで、ごはんにのせ、切り開いて、ケチャップをかけます。もう1つ同様に作ります。

献立例⇒香味野菜の即席漬け(p.73)、すまし汁

■材料2人分
- ごはん……2ぜん(300g)
- うなぎのかば焼き……1串(100g)
  - (うなぎのたれ……大さじ1)
- 万能ねぎ……3本

＜オムレツ＞
- 卵……3個
- 酒……大さじ1
- 塩……少々
- バター……20g
- トマトケチャップ……少々

ピリ辛そうめんチャンプルー

そうめんのスタミナいためです。夏のお昼に

にら
15分
1人分・453kcal

■作り方
❶ そうめんはたっぷりの熱湯で、1〜2分ゆでます。水にとってもみ洗いし、水気をきります。
❷ にら、豚肉は4cm長さに切ります。
❸ フライパン(大)に油を強火で熱し、豚肉をいためます。肉に火が通ったら、にら、もやしを加え、さっといためます。
❹ 続いて、そうめんを加え、Aを加えて味をつけます。

献立例⇒切りこんぶの酢じょうゆあえ(p.93)、サラダ、スープ

■材料2人分
そうめん……100g	豆板醤(トーバンジャン)……小さじ1
豚ばら肉(薄切り)……100g	A しょうゆ……大さじ1
にら……1束(100g)	塩・こしょう……各少々
もやし……50g	サラダ油……大さじ1

モロヘイヤなっとうそば

ネバネバをそろえて夏バテ解消

モロヘイヤ
15分(冷蔵時間は除く)
1人分・521kcal

■作り方
❶ 鍋に、つゆの材料を入れて、中火にかけます。沸とうしたら弱火にして1〜2分煮、こします。冷やします。
❷ モロヘイヤは葉を摘みます。熱湯でさっとゆで、水にとります。オクラもゆでます。
❸ オクラは小口切りにします。モロヘイヤは水気をしぼり、あらく切って、包丁で細かくたたきます。
❹ そばを熱湯でゆでて水にとり、水気をきります。器に盛り、③、なっとうをのせ、つゆをはります。

献立例⇒なすの油焼きしょうがじょうゆ(p.72)、とうがんと干しえびのいため煮(p.81)

■材料2人分
そば(乾燥)……200g	<かけつゆ>
オクラ……5本	水……カップ1
モロヘイヤ……1束(100g)	けずりかつお……4g
ひきわりなっとう……2パック(100g)	みりん……カップ¼
	しょうゆ……カップ¼

とうふ・海藻のおかず

たぬき奴
揚げ玉でコクが出ます

献立例⇒たことこきゅうりの中華サラダ(p.48)、なすの田舎煮(p.72)、みそ汁

■材料 2人分
- とうふ ……………………… 1丁
- とろろこんぶ ……………… 2g
- 揚げ玉(市販) ……………… 5g
- 万能ねぎ …………………… 1本

＜しょうがじょうゆ＞
- しょうが ……… 小1かけ(5g)
- しょうゆ …………………… 適量

とうふ
5分
1人分・104kcal

■作り方
❶とうふは半分に切ります。
❷しょうがはすりおろし、万能ねぎは小口切りにします。
❸とうふに、とろろこんぶ、揚げ玉、ねぎをのせ、しょうがじょうゆをつけて食べます。

みそだれ冷奴
ざっくりとしたもめんどうふにはみそ味もよく合います

献立例⇒なすとひき肉のいため煮しそ風味(p.23)、ぬか漬け、すまし汁

■材料 2人分
- もめんどうふ ……………… 1丁
- みょうが …………………… 2個
- 枝豆(さやつき) …………… 80g

＜みそだれ＞
- ごま油 ……………… 大さじ1
- 赤みそ ……………… 大さじ1
- A ┌ 砂糖 ……………… 大さじ1
　　│ 水 ………………… 大さじ2
　　└ しょうゆ ………… 小さじ1

とうふ
15分
1人分・234kcal

■作り方
❶小鍋にごま油を弱火で温め、みそを軽くいためます。Aを加えて練り混ぜ、少しとろみがついてきたら火を止め、さまします。
❷とうふはざるにのせ、自然に水気をきります。
❸みょうがは、縦半分、薄切りにし、水にさらして水気をきります。枝豆は熱湯で5分ほどゆで、豆をとり出します。
❹とうふを手で大きめにくずして器にのせ、みそだれをかけて、❸をのせます。

とうふステーキ なめこおろしがけ

軽い食事の主菜にもなります

とうふ 15分
1人分・251kcal

■作り方
❶とうふはペーパータオルに包み、電子レンジ（500W）で約2分加熱して、水気をきります。
❷しそは軸をとって細切りにし、水にさらして水気をきります。だいこんはすりおろします。
❸なめこはさっと洗います。小鍋につゆの材料を入れて、1〜2分煮ます。
❹とうふを横半分、厚み半分の4等分に切り、かたくり粉をまぶします。フライパンに油を熱し、とうふの両面を色よく焼きます。
❺とうふを盛りつけて、つゆをかけ、②をのせます。

献立例⇒あじの緑酢あえ（p.43）、なすのしぎ焼き、すまし汁

■材料2人分
もめんどうふ……1丁	＜なめこつゆ＞
かたくり粉……大さじ2	なめこ……½袋（50g）
サラダ油……大さじ2	だし……大さじ2
しその葉……2枚	酒……大さじ1
だいこん……150g	しょうゆ……大さじ1

厚揚げの辛味じゃこソース

夏場のピリ辛味には、青とうがらしも利用できます

厚揚げ 15分
1人分・269kcal

■作り方
❶厚揚げは熱湯で約1分ゆでます。縦半分にして、1.5cm幅くらいに切ります。皿に盛ります。
❷ねぎ、しょうがはみじん切りにします。青とうがらしは、種入りのまま小口切りにします。
❸Aを合わせます。鍋に油を熱し、中火で②とじゃこをさっといためます。弱火にしてAを加え、ひと煮立ちしたら火を止めます。厚揚げにかけます。

献立例⇒なすといんげんのやわらか煮（p.12）、浅漬け、みそ汁

■材料2人分
厚揚げ（生揚げ）……1枚（250g）	水……大さじ2
ちりめんじゃこ……20g	Aスープの素……小さじ⅙
青とうがらし……1〜2本（15g）	酒・しょうゆ……各小さじ1
ねぎ……5cm	サラダ油……大さじ1
しょうが……小1かけ（5g）	

＊青とうがらしは、たかのつめなどの未熟果。それぞれの辛味によって量を加減して使います。

とうふ・海藻のおかず

わかめとねぎのごま油いため

いためるだけですが、ごはんがすすむおかずです

献立例⇨まぐろの芽かぶあえ(p.45)、みそだれ冷奴(p.90)、すまし汁

■材料2人分
- わかめ(塩蔵)……30g
- ねぎ……1本
- ごま油……大さじ1
- しょうゆ……大さじ1
- (好みで)ラー油……少々
- いりごま(白)……大さじ1

わかめ
5分
1人分・96kcal

■作り方

❶わかめは洗って、ざく切りにします。ねぎは斜め薄切りにします。

❷フライパンにごま油を強火で熱し、わかめ、ねぎを軽くいためます。しょうゆを鍋肌から回しかけ、火を止めます。好みでラー油をかけます。

❸盛りつけて、ごまをふります。

海藻サラダ

食物繊維たっぷり。きゅうりの歯ざわりをアクセントに

献立例⇨高菜入り肉だんごのレンジ蒸し(p.25)、スープ

■材料2人分
- 海藻サラダ(乾燥)……5g
- えのきだけ……1袋(100g)
- きゅうり……1本

＊粒こしょうをひいて多めにかけると、味にメリハリがつきます。

＜ドレッシング＞
- 酢……大さじ1
- しょうゆ……大さじ1
- こしょう……少々
- サラダ油……大さじ1

海藻
8分
1人分・83kcal

■作り方

❶海藻は水につけてもどします。食べやすい大きさに切ります。

❷えのきだけは、根元を除いて、長さを半分に切ります。熱湯にさっと通し、ざるにとって水気をよくきります。

❸きゅうりは斜め薄切りにしてから、細切りにします。

❹ドレッシングの材料を合わせ、全部をあえます。

切りこんぶの酢じょうゆあえ

さっぱり酢のもの。みょうがが効いています

切りこんぶ
5分
1人分・65kcal

■作り方
❶こんぶは、熱湯で軽くゆでます。水気をきり、食べやすい長さに切ります。
❷みょうがは、縦半分に切ってから薄切りにし、水にさらして水気をきります。かにかまは、あらくさきます。
❸全部を、酢としょうゆであえます。

献立例⇨なすとたこ揚げのピリ辛だれ(p.49)、五目豆、みそ汁

■材料2人分
切りこんぶ …………… 100g
みょうが …………… 2個
かにかまぼこ …………… 3本
酢 …………… 大さじ1½
しょうゆ …………… 大さじ1½

＊切りこんぶは、生で（塩蔵をもどして）売っているものです。

オクラとわかめのサラダ

クリームチーズもポイント。しょうゆ味が合います

わかめ
10分
1人分・134kcal

■作り方
❶わかめは洗います。オクラは塩をまぶしてこすり、洗います。
❷熱湯でわかめ、オクラを順に手早くゆでます。わかめは水にとります。
❸オクラはがくを落として、斜め3つくらいに切ります。わかめは、食べやすい長さに切ります。チーズは1cm角に切ります。全部を合わせて、盛りつけます。
❹ドレッシングの材料を混ぜ、❸にかけます。

献立例⇨うなぎとにんにくの芽のいためもの(p.46)、浅漬け、スープ

■材料2人分
オクラ …………… 6〜7本(50g)
　塩 …………… 小さじ¼
わかめ(塩蔵) …………… 20g
クリームチーズ …………… 30g

＜ドレッシング＞
酢 …………… 大さじ1
しょうゆ …………… 小さじ2
しょうが汁 …………… 小さじ½
ごま油 …………… 小さじ½
サラダ油 …………… 大さじ1

肉類

とり肉
- 4…とり手羽中とたけのこのみそ煮
- 5…とり肉の木の芽焼き
- 5…とり肉と新じゃがのごま煮
- 6…とり肉のピリ辛から揚げ
- 7…かぼちゃととり肉のいため煮
- 7…ささみのくず打ち
- 8…とり肉の焼きびたしおろしぽん酢
- 9…レバーとにらのいためもの
- 9…とりレバーの酢じょうゆいため
- 52…うどとささみのマヨネーズあえ

豚肉
- 10…豚肉のごましそピカタ
- 11…豚肉と新たまねぎの梅肉だれ
- 11…ヒレ肉と春キャベツのクリーム煮
- 12…なすといんげんのやわらか煮
- 13…豚肉のにんにくじょうゆ焼き
- 13…豚肉の竜田揚げ
- 14…ゴーヤーのチーズ入り卵いため
- 15…豚肉のコチュジャンいため
- 15…豚しゃぶのみそ味ドレッシング
- 16…豚肉と新しょうがのいためもの
- 16…キムチ冷しゃぶ
- 50…たらの芽のみそいため
- 75…ゴーヤーの油みそ
- 83…たけのこの中華混ぜごはん

牛肉
- 17…牛肉と新ごぼうの柳川
- 17…うど巻き焼き肉
- 18…牛肉とトマトのいためもの
- 19…牛肉と大葉の重ね焼き
- 19…かんたん和風焼き肉
- 20…ステーキ肉のサラダ
- 21…牛肉とピーマンのオイスターあえ
- 21…牛肉としししとうのいためもの
- 88…牛ごぼう丼

ひき肉
- 22…さやいんげんのひき肉はるさめ
- 23…とうふ入り和風ハンバーグ
- 23…なすとひき肉のいため煮しそ風味
- 24…たけのこ入りつくねの小判焼き
- 24…新じゃがとひき肉のいためあえ
- 25…米なすのチーズ焼き
- 25…高菜入り肉だんごのレンジ蒸し

魚介類

あ
- 41…あさりのエスニックスープ
- 51…菜の花とあさりのからしあえ
- 60…キャベツとあさりの酒蒸し
- 42…あじのソテー香味野菜のせ
- 43…あじの緑酢あえ
- 43…小あじの南蛮漬け
- 38…あゆの梅酒煮
- 39…あゆのみぞれ野菜のせ
- 39…あゆの焼き漬け
- 32…根みつばといかのわたいため
- 33…ほたるいかとさといもの煮もの
- 33…小いかとスナップえんどうの煮もの
- 34…いかと蒸しなすのエスニックサラダ
- 35…いかのわたいため南欧風
- 35…いかと野沢菜のいためもの
- 71…きゅうりといかのイタリアンいため
- 46…うなぎとにんにくの芽のいためもの
- 46…うなぎどうふ
- 70…うざく(**うなぎ**)
- 88…うなぎ入りオムライス
- 81…うにじゅんさい
- 40…えびとピーマンのバジルいため
- 53…うどと生麩の含め煮(**えび**)
- 54…アスパラとえびのいためもの
- 62…新じゃがとえびの揚げびたし
- 65…青豆とえびのあんかけ
- 79…かぼちゃのえびマヨサラダ
- 86…そら豆のフェトチーネ(**えび**)

か・さ・た
- 36…かつおの変わりたたき
- 37…かつおの香味漬け
- 37…かつおの海藻サラダ
- 29…さよりのお造り
- 29…さよりの塩焼き
- 31…さわらのしょうが焼き
- 31…さわらのソテーミニトマトソース
- 28…白魚の卵とじ
- 28…白魚とふきのとうの天ぷら
- 83…桜しらすごはん
- 26…たいの紙包み焼き
- 27…たいのこぶじめ
- 27…たいのアクアパッツァ
- 48…たこときゅうりの中華サラダ
- 49…なすたこ揚げのピリ辛だれ
- 49…たこの梅ドレッシング
- 47…たちうおのねぎ辛ソース
- 47…たちうおのソテーバジル風味
- 68…トマトときゅうりの(**ちりめん**)じゃこサラダ
- 77…枝豆と高菜のいため煮(**ちりめんじゃこ**)
- 91…厚揚げの辛味(**ちりめん**)じゃこソース

な〜
- 41…そら豆とほたてのいためもの
- 58…ふきとほたてのマヨネーズサラダ
- 64…青豆とほたてのスープ
- 85…ほたての梅炊きごはん
- 44…まぐろの網焼き
- 45…まぐろのアボカドソース
- 45…まぐろの芽かぶあえ
- 84…まぐろのづけ丼
- 30…めばるの煮つけ紹興酒風味

野菜・梅

あ
- 15…豚肉のコチュジャンいため(**青とうがらし**)
- 91…厚揚げの辛味じゃこソース(**青とうがらし**)
- 64…新じゃがとグリーンピース(**青豆**)のスープ煮
- 64…青豆とほたてのスープ
- 65…青豆とえびのあんかけ
- 6…とり肉のピリ辛から揚げ(**アスパラガス**)
- 54…**アスパラ**とえびのいためもの
- 55…**アスパラ**とポテトのチーズ焼き
- 55…**アスパラ**のピーナッツバターいため
- 62…新じゃがとえびの揚げびたし(**アスパラガス**)
- 17…**うど**巻き焼き肉
- 52…**うど**の菜種あえ
- 52…**うど**とささみのマヨネーズあえ
- 53…**うど**と生麩の含め煮
- 53…**うど**の皮のきんぴら
- 7…ささみのくず打ち(**梅干し**)
- 11…豚肉と新たまねぎの梅肉だれ(**梅干し**)
- 38…あゆの**梅**酒煮
- 49…たこの**梅**ドレッシング
- 57…若竹の**梅**椀
- 63…じゃが**梅**いため
- 67…オクラの**梅**あえ
- 79…かぼちゃとひじきの**梅**サラダ
- 85…ほたての**梅**炊きごはん
- 85…ひじき入り**梅**しそチャーハン
- 9…とりレバーの酢じょうゆいため(**枝豆**)
- 76…**枝豆**のかんたん白あえ
- 76…とうふと**枝豆**のオムレツ
- 77…**枝豆**と高菜のいため煮
- 77…長いものずんだあえ(**枝豆**)
- 90…みそだれ冷奴(**枝豆**)
- 46…うなぎどうふ(**おかひじき**)
- 67…**オクラ**の梅あえ
- 69…トマトのかんてんドレッシング(**オクラ**)
- 72…なすの油焼きしょうがじょうゆ(**オクラ**)
- 89…モロヘイヤなっとうそば(**オクラ**)
- 93…**オクラ**とわかめのサラダ

か
- 13…豚肉のにんにくじょうゆ焼き(**かいわれだいこん**)
- 23…とうふ入り和風ハンバーグ(**かいわれだいこん**)
- 45…まぐろのアボカドソース(**かいわれだいこん**)
- 71…きゅうりのキムチ漬け(**かぶ**)
- 7…**かぼちゃ**ととり肉のいため煮
- 79…**かぼちゃ**のえびマヨサラダ
- 79…**かぼちゃ**とひじきの梅サラダ
- 5…とり肉の**木の芽**焼き
- 27…たいのこぶじめ(**木の芽**)
- 11…ヒレ肉と春**キャベツ**のクリーム煮
- 60…**キャベツ**とあさりの酒蒸し
- 60…春**キャベツ**の香味あえ
- 61…春**キャベツ**とソーセージのマスタードあえ
- 15…豚しゃぶのみそ味ドレッシング(**きゅうり**)
- 39…あゆのみぞれ野菜のせ(**きゅうり**)
- 43…あじの緑酢あえ(**きゅうり**)
- 44…まぐろの網焼き(**きゅうり**)
- 48…たこときゅうりの中華サラダ
- 68…トマトときゅうりのじゃこサラダ
- 70…**きゅうり**と干しえびの辛味いため
- 70…うざく(**きゅうり**)
- 71…**きゅうり**のキムチ漬け
- 71…**きゅうり**といかのイタリアンいため
- 73…なすのみそからし漬け(**きゅうり**)

73…香味野菜の即席漬け(**きゅうり**)
79…かぼちゃのえびマヨサラダ(**きゅうり**)
92…**海藻**サラダ(**きゅうり**)
グリーンアスパラガス→アスパラガス
グリーンピース→青豆
61…**クレソン**と新たまねぎのサラダ
17…牛肉と新**ごぼう**の柳川
59…新**ごぼう**のかき揚げ
59…新**ごぼう**とみつばのごま酢あえ
88…牛**ごぼう**丼
14…**ゴーヤー**のチーズ入り卵いため
75…**ゴーヤー**の油みそ
75…**ゴーヤー**とツナのサラダ

さ

33…ほたるいかと**さといも**の煮もの
12…なすと(**さや**)**いんげん**のやわらか煮
22…**さやいんげん**のひき肉はるさめ
74…**さやいんげん**のさんしょういため
74…**さやいんげん**のしょうがまぶし
24…たけのこ入りつくねの小判焼き(**さやえんどう**)
26…たいの紙包み焼き(**さやえんどう**)
52…うどの菜種あえ(**さやえんどう**)
28…(**山菜**)白魚とふきのとうの天ぷら
50…(**山菜**)たらの芽のみそいため
50…(**山菜**)こごみのくるみあえ
82…(**山菜**)ふきみその焼きおにぎり
7…かぼちゃととり肉のいため煮(**ししとうがらし**)
21…牛肉と**ししとう**のいためもの
10…豚肉のごま**しそ**ピカタ
11…豚肉と新たまねぎの梅肉だれ(**しその葉**)
19…牛肉と大葉(**しその葉**)の重ね焼き
23…なすとひき肉のいため煮**しそ**風味
42…あじのソテー香味野菜のせ(**しその葉**)
49…たこの梅ドレッシング(**しその葉**)
73…香味野菜の即席漬け(**しその葉**)
79…かぼちゃとひじきの梅サラダ(**しその葉**)
85…ほたての梅炊きごはん(**しその葉**)
85…ひじき入り梅**しそ**チャーハン
5…とり肉と新**じゃが**(**いも**)のごま煮
24…新**じゃが**とひき肉のいためあえ
55…アスパラとポテト(**じゃがいも**)のチーズ焼き
62…新**じゃが**とえびの揚げびたし
63…新**じゃが**のめんたいマヨネーズかけ
63…**じゃが**梅いため
64…新**じゃが**とグリーンピースのスープ煮
81…うに**じゅんさい**
16…豚肉と新**しょうが**のいためもの
19…かんたん和風焼き肉(新**しょうが**)
39…あゆの焼き漬け(谷中**しょうが**)
80…新**しょうが**の甘から煮
新キャベツ→キャベツ
新ごぼう→ごぼう
新じゃがいも→じゃがいも
新しょうが→しょうが
新たまねぎ→たまねぎ
20…ステーキ肉のサラダ(**ズッキーニ**)
33…小いかと**スナップえんどう**の煮もの

65…**スナップえんどう**のヨーグルトマヨネーズ
37…かつおの**海藻**サラダ(**セロリ**)
69…トマトの卵スープ(**セロリ**)
41…**そら豆**とほたてのいためもの
67…**そら豆**の直煮
86…**そら豆**のフェトチーネ

た

8…とり肉の焼きびたしおろしぽん酢(**だいこん**)
23…とうふ入り和風ハンバーグ(**だいこん**)
39…あゆのみぞれ野菜のせ(**だいこん**)
91…とうふステーキなめこおろしがけ(**だいこん**)
4…とり手羽中と**たけのこ**のみそ煮
24…**たけのこ**入りつくねの小判焼き
26…たいの紙包み焼き(**たけのこ**)
30…めばるの煮つけ紹興酒風味(**たけのこ**)
35…いかと野沢菜のいためもの(**たけのこ**)
56…**たけのこ**のベーコンいため
56…**たけのこ**と油揚げの木の芽焼き
57…**たけのこ**のおかか煮
57…若竹(**たけのこ**)の梅椀
83…**たけのこ**の中華混ぜごはん
9…とりレバーの酢じょうゆいため(**たまねぎ**)
11…豚肉と新**たまねぎ**の梅肉だれ
15…豚肉のコチュジャンいため(**たまねぎ**)
36…かつおの変わりたたき(**たまねぎ**)
61…**クレソン**と新**たまねぎ**のサラダ
66…新**たまねぎ**のサラダアンチョビソース
66…新**たまねぎ**といかくんの酢じょうゆ
81…とうがんと干しえびのいため煮
16…キムチ冷しゃぶ(**トマト**)
18…牛肉と**トマト**のいためもの
21…牛肉とピーマンのオイスターあえ(**トマト**)
27…たいのアクアパッツァ(**ミニトマト**)
31…さわらのソテーミニ**トマト**ソース
66…新たまねぎのサラダアンチョビソース(**ミニトマト**)
68…凍り**トマト**のマリネ
68…**トマト**ときゅうりのじゃこサラダ
69…**トマト**の卵スープ
69…**トマト**のかんてんドレッシング
87…**トマト**の冷製パスタ
87…**トマト**ピラフ

な

77…**長いも**のずんだあえ
78…**長いも**のモロヘイヤがけ
81…うにじゅんさい(**長いも**)
12…**なす**といんげんのやわらか煮
23…**なす**とひき肉のいため煮しそ風味
25…米**なす**のチーズ焼き
34…いかと蒸し**なす**のエスニックサラダ
49…**なす**たこ揚げのピリ辛だれ
72…**なす**の油焼きしょうがじょうゆ
72…**なす**の田舎煮
73…**なす**のみそからし漬け
73…香味野菜の即席漬け(**なす**)
29…さよりの塩焼き(**菜の花**)
51…**菜の花**と桜えびのあえもの
51…**菜の花**とあさりのからしあえ

にがうり→ゴーヤー
9…レバーと**にら**のいためもの
16…キムチ冷しゃぶ(**にら**)
89…ピリ辛そうめんチャンプルー(**にら**)
46…うなぎと**にんにくの芽**のいためもの

は

47…たちうおのソテー**バジル**風味
71…きゅうりといかのイタリアンいため(**バジル**)
29…さよりのお造り(**花わさび**)
春キャベツ→キャベツ
21…牛肉と**ピーマン**のオイスターあえ
40…えびと**ピーマン**のバジルいため
58…**ふき**のからし酢みそかけ
58…**ふき**とほたてのマヨネーズサラダ
84…**ふき**の炊きこみごはん
82…**ふき**みその焼きおにぎり(**ふきのとう**)

ま〜

28…白魚の卵とじ(**みつば**)
32…根**みつば**といかのわたいため
59…新ごぼうと**みつば**のごま酢あえ
18…牛肉とトマトのいためもの(**みょうが**)
37…かつおの香味漬け(**みょうが**)
42…あじのソテー香味野菜のせ(**みょうが**)
73…なすのみそからし漬け(**みょうが**)
73…香味野菜の即席漬け(**みょうが**)
80…**みょうが**いため
90…みそだれ冷奴(**みょうが**)
93…切りこんぶの酢じょうゆあえ(**みょうが**)
9…レバーとにらのいためもの(**もやし**)
13…豚肉のにんにくじょうゆ焼き(**もやし**)
89…ピリ辛そうめんチャンプルー(**もやし**)
78…長いもの**モロヘイヤ**がけ
78…**モロヘイヤ**のおひたし
89…**モロヘイヤ**なっとうそば
20…ステーキ肉のサラダ(**ルッコラ**)
31…さわらのしょうが焼き(**わけぎ**)

とうふ・海藻など

91…**厚揚げ**の辛味じゃこソース
56…たけのこ**油揚げ**の木の芽焼き
23…**とうふ**入り和風ハンバーグ
65…青豆とえびのあんかけ(**卵どうふ**)
76…枝豆のかんたん白あえ(**とうふ**)
76…**とうふ**と枝豆のオムレツ
90…たぬき奴(**とうふ**)
90…みそだれ冷奴(**とうふ**)
91…**とうふ**ステーキなめこおろしがけ
37…かつおの**海藻**サラダ
92…**海藻**サラダ
93…切り**こんぶ**の酢じょうゆあえ
79…かぼちゃと**ひじき**の梅サラダ
85…**ひじき**入り梅しそチャーハン
45…まぐろの**芽かぶ**あえ
15…豚しゃぶのみそ味ドレッシング(**わかめ**)
44…まぐろの網焼き(**わかめ**)
58…ふきのからし酢みそかけ(**わかめ**)
93…オクラと**わかめ**のサラダ
92…**わかめ**とねぎのごま油いため

ベターホームのお料理ブック

*税込価格(5%)

実用料理シリーズほか（A5判）

1. **かあさんの味** 四季の素材をいかした和風おそうざいとおせち172品。だしをきかせたうす味レシピ。 144㌻ 1050円
2. **家庭料理** 家庭でよく作られている、和洋中の人気おかず152品。この1冊で間に合います。 144㌻ 1050円
3. **おもてなし料理** 行事やおもてなしに向くオーソドックスなごちそう106品。献立手順もわかります。 144㌻ 1050円
4. **お菓子の基本** 家庭で作れる洋菓子を網羅。基本をプロセス写真で詳しく説明しています。 160㌻ 1575円
5. **手づくりパン** バターロール、食パン、メロンパン、クロワッサンなど46品。基本を写真で詳しく説明。 144㌻ 1575円
6. **お料理一年生** 道具や材料の扱い、保存など、お料理以前の基礎から、写真でわかりやすく説明。 192㌻ 1470円
7. **お料理二年生** 定番の家庭料理が絶対おいしく作れるコツをプロセス写真で詳しく説明。 192㌻ 1470円
8. **手づくり食品** ジャム、果実酒、とうふ、梅干し、みそなど本格的な味を楽しく手づくり69品。 160㌻ 1260円
9. **スピード料理** 手早く作れておいしい料理200品と、手早く作るコツ。忙しい方必携の本です。 160㌻ 1260円
10. **きょうのお弁当** 毎日作れるかんたんお弁当71メニュー、おかず245品。園児から社会人まで。 160㌻ 1260円
11. **野菜料理** 野菜名の50音でひける、おいしくヘルシーな料理308品。野菜がたっぷり食べられます。 192㌻ 1470円
12. **電子レンジ料理** 電子レンジで作れる、スピーディな料理158品。ポイントも写真で。 160㌻ 1260円
13. **おとなの和食** 四季の素材をおいしく味わう2人分の献立集。カロリー・塩分控えめ、手順はかんたん。 160㌻ 1470円
14. **ダイエットのひと皿** 健康的にやせられる低カロリーのおかず150品。見た目も、味も満足します。 144㌻ 1050円
15. **ひとり分の料理** ひとり暮らし、単身赴任の方に、栄養満点かんたん100献立、おかず184品。 144㌻ 1050円
16. **パーティ料理** ホームパーティ、おもてなしに。気のきいた和洋中の献立と料理135品。演出法も。 160㌻ 1260円
17. **お魚料理** 50音でひける魚介類98種の料理250品。扱い方のコツはよくわかるプロセス写真で。 192㌻ 1470円
18. **きょうの献立** 月ごとの献立100例、料理417品。毎日の悩みを解消し、献立の立て方も身につきます。 224㌻ 1575円
19. **お肉料理** かんたん、ボリューム、経済的な料理187品を肉ごとに紹介。マンネリ脱出。 160㌻ 1260円
20. **お米料理** おいしいごはんの炊き方と、丼、すし、ピラフ、パエリアなど和洋中200品。 160㌻ 1260円

食品成分表 日ごろ食べる分量の栄養成分を載せているので、今とった栄養がひと目でわかります。 320㌻ 1050円

なるほど、料理のことば 知れば料理がもっと楽しくなることば約600語の解説集。笑えるイラストつき。 224㌻ 1260円

かんたん美味 かんたんでうまいが1番！ おかず、酒の肴、デザート。日経新聞の連載レシピ。 160㌻ 1260円

かんたん美味2 待望の第2弾。シンプルだからこそ素材の味が生きる106品。忙しい人、料理初心者に。 160㌻ 1260円

お買い求め方法

＊大手書店、ベターホームのお料理教室で直接お求めいただけます。全国の書店からもお取り寄せできます。当社からお届けする場合は、2冊以上は送料無料でお届けします（1冊は送料100円）。

＊ベターホームの各種カタログ「本や道具、食材のカタログ」「お料理教室のご案内」などを差し上げます。お気軽にご連絡ください。ホームページでもご案内しています。http://www.betterhome.jp

おかずの本　お菓子・パン・手づくりの本（B5判）

お気に入りおかず 超かんたんで経済的。ベターホームの先生たちが実際に作っている自慢のおかず集。 96㌻ 1260円

体にいいおかず 体調が悪い、風邪ぎみ、便秘ぎみ……ちょっと気になるときの料理194品。 96㌻ 1260円

作りおきのおかず さめてもおいしい、まとめづくり等、便利なおかず157品。安心して外出できます。 96㌻ 1260円

すぐできるおかず 主菜も副菜も20分以内、ひと鍋で作れるおかずばかり。共働きの主婦必携。 96㌻ 1260円

ムダなし　かんたんおかず 冷蔵庫の残り野菜や調味料、乾物など食材を100%活用した料理276品。 96㌻ 1260円

ベターホームの　和食の基本 和食の定番88品。詳しいプロセス写真と、コツは五七五の俳句調でよくわかる。 128㌻ 1470円

20分で2品おかず 主菜と副菜、2品のおかずも、このとおり作れば20分以内で同時に完成！ 96㌻ 1260円

春夏のかんたんおかず 20分以内に作れる手間のかからない料理集。旬の素材、季節の味が満載。 96㌻ 1260円

秋冬のかんたんおかず 旬の食材や季節の味を手軽に調理。目先の変わったおかずや、鍋料理もたくさん。 96㌻ 1260円

おいしい　おもてなし 前菜、メイン、サブの料理、ごはんと軽食を単品紹介。献立例、ディップなどの小品も。 96㌻ 1260円

段どりよく作る　夕ごはん献立 毎日使える人気おかずの献立集。タイムスケジュールつきで手際よく。 96㌻ 1260円

フライパンおかず フライパン1つで作る、肉・魚・野菜でいけるボリュームおかず集。共働きの主婦に。 96㌻ 1260円

料理できれいになる 美肌・若さのためのレシピ100。しわ、しみ、肌あれ、老化が気になる人に。 96㌻ 1260円

免疫力を高める野菜おかず139 野菜で元気、病気予防。素材別にひけるかんたん料理139品を紹介。 96㌻ 1260円

イタリアンのお料理教室 プロのコツを根掘り葉掘り聞きました。「アルポンテ」原宏治シェフの特選レシピ。 96㌻ 1260円

Quick & Easy New Style Japanese Cooking 『すぐできるおかず』の英語版。日本で暮らす外国人の方に。 96㌻ 1575円

Japanese Home Style Cooking すし、天ぷら、すき焼きなど代表的な日本料理を英語で紹介。 96㌻ 2415円

かんたんおやつ プリン、ドーナツ、ホットケーキ、大学いもなど、手軽に作れる家庭のおやつ大集合。 96㌻ 1260円

すぐできるお菓子 マドレーヌやクレープ、ハーブクッキー…手軽なお菓子68品。おやつにも大活躍。 96㌻ 1575円

焼くだけのお菓子 材料を混ぜてオーブンで焼くだけ。素朴でプレゼントにも喜ばれるお菓子43品。 96㌻ 1575円

冷たいお菓子 カラーアプリン、レアチーズケーキ、杏仁豆腐など、デザートにも向くお菓子57品。 96㌻ 1575円

私が作る和菓子 草もち、水ようかん、おはぎ、月見だんご、おしるこなど四季折々の和菓子77品。 96㌻ 1575円

初めて打つ　そば・うどん そばとうどんの打ち方を詳しいプロセス写真で説明。おいしいレシピ付き。 96㌻ 1260円

かんたん手づくり食品 果実酒、キムチ、梅干しなど減塩・減糖の64品。初心者向けのかんたんレシピ。 96㌻ 1260円

発行　ベターホーム出版局　編集　財団法人ベターホーム協会
〒150-8363　渋谷区渋谷1-15-12
TEL03(3407)4871　FAX03(3407)1044
発行日　初版2003年2月10日　5刷2008年4月1日

春夏のかんたんおかず

ISBN978-4-938508-67-8